非正規という働き方と暮らしの実像

ジェンダー・法制・労働組合を問い直す

森ます美・本田一成・緒方桂子・上田真理・連合総研 編

旬報社

はじめに

森　ます美

ポストコロナの非正規雇用

新型コロナウイルス感染症が感染症法上の「5類」に移行したことにより、経済・社会活動が活性化し、企業の事業活動の拡大に伴う「人手不足」が日々報じられている。帝国データバンクの「調査」[1]によれば、2023年10月に正社員が「不足」と感じている企業は52・1%にのぼり、業種別ではインバウンド需要が好調な「旅館・ホテル」（75・6%）やITエンジニア不足に直面する「情報サービス」（72・9%）での不足感が強い。非正社員では30・9%の企業が人員不足を感じており、「飲食店」（82・0%）が最も高く、2番目に「旅館・ホテル」（73・5%）が続いている。

コロナ禍で痛手を受けた非正規雇用は人手不足に呼応して回復しただろうか。直近の2023年9月[2]の労働市場に着目すると、正規雇用労働者は3633万人、非正規雇用労働者は2141

万人である。コロナ以前の2019年9月に比べると、コロナ禍でも一貫して増加基調を辿った正規雇用は4年間に152万人増えたが、非正規雇用はいまだ当時の水準（2202万人）に及んでいない（総務省統計局「労働力調査（基本集計）」）。

コロナ禍以前の水準に回復していない非正規雇用の内実は、女性非正規雇用労働者の減少（2019年9月1494万人、2023年9月1433万人）である。減少した61万人の8割近くをパート・アルバイトが占めている。男性非正規雇用労働者（709万人）が4年前の水準（708万人）に回復したのとは対照的である。

「緊急事態宣言」の度重なる発出と期間の延長のなかで、シーセッション（She-cession、女性不況）と呼ばれたように、店舗や事業所の休業や閉業によるシフトの削減、雇止め等によって休業や失業に追い込まれ、他方で休校や休園のために子どものケアを引き受けざるを得ない多くの女性たちが休職や退職を余儀なくされて、シングルマザー世帯をはじめとする多数の非正規女性稼ぎ主世帯が貧困と生活の困窮に陥ったことは記憶に新しい[3]。それは同時に日本の家庭に根強く残る、育児・介護・家事などケア労働は女性の役割という性別役割分業の実相をあぶり出し、両立困難に陥った女性たちが雇用と収入を喪失した（周（2021）、落合（2022）、竹信（2023））。

生命保険業界や介護業界など先の労働力不足を見込んだ企業・事業所による非正社員の正社員化のニュースも聞かれたが、この4年間に失われた61万人の女性非正規雇用労働者数にははるかに及ばない。労働市場に戻ってこない60万を超える女性非正規雇用労働者はどこにいるのだろうか。2023年9月の女性の休業者[4]は108万人、完全失業者は76万人である。休業者中の39万人が非正規雇用労働者である。コロナ禍があけても勤め先の都合等で今もやむを得ず休業している非正規雇用女性が相当数いることがわかる。失業している女性が「探している仕事の形態」に注目すると、2023年7~9月期平均の女性失業者88万人では、「正規雇用」（正規の職員・従業員）が33万人、「非正規雇用」（非正規の職員・従業員）が50万人にのぼる。[5]さらに、7~9月期平均の女性非労働力人口のなかには就業希望者が155万人いるが、「正規雇用」の希望者は24万人、一方、「非正規雇用」の希望者は106万人を占める。

同じく同時期の男性の状況をみると、休業者（72万人）中の非正規雇用労働者は19万人、失業者（115万人）中で「非正規雇用」の仕事を探している人は42万人、非労働力人口中の就業希望者（72万人）で「非正規雇用」を希望している人は34万人いる。実際に求職活動を行っている失業者に限っても、労働市場には非正規雇用労働の待機者が男女合わせて92万人いることになる。景気の回復と人手不足の逼迫に伴って、今後さらに非正規雇用労働者の増加が見込まれる。

非正規雇用労働の現況と本書の課題

本書は、連合総研（連合総合生活開発研究所）「非正規で雇用される労働者の働き方・意識に関する実態調査と労働組合の役割に関する調査研究委員会」（以下、非正規雇用研究会）が2022

～23年に行った調査・研究活動に基づいている。主な活動は、「2022年非正規雇用労働者の働き方・意識と労働組合に関する調査」（以下、連合総研「2022年非正規雇用調査」、2022年11月実施）と、その内容を補完する9つの労働組合単組・NPO・団体に対するインタビューである。

本書の課題は、これまでに経験したことのないコロナ禍をはじめ2000年代後半以降の非正規雇用労働法制や社会保障制度の変化が非正規雇用労働に及ぼした影響と、その影響下での非正規雇用労働者の働き方と暮らしの実像に迫り、非正規雇用労働者の要求・要望に寄り添ったポストコロナ期の政策・法制上の課題と労働組合の役割を提言することにある。

非正規雇用労働をめぐっては、この間、パート・有期雇用労働法の施行、労働契約法20条に基づく複数の最高裁判決、無期転換（5年）ルールの実施、社会保険制度の改定、コロナ禍に伴う社会保障・セーフティネットの補充などいくつもの政策・法制等の改定が見られたが、これらの動向は非正規雇用労働者の待遇の改善と暮らしの向上に結び付いただろうか。

直近の状況にふれると、待遇の中核ともいえる賃金については、2020年4月にパート・有期雇用労働法によって正規・非正規雇用労働者間に基本給・賞与・諸手当等における不合理な格差を禁止する「同一労働同一賃金ルール」が適用された（中小企業は21年4月施行）。一方、国際水準から余りに乖離した最低賃金は2016年度以降毎年、対前年度比で3％以上の引き上げが行われ（コロナ禍が始まった2020年度を除く）、2023年度の最低賃金額（全国加重平均）は初めて千円を超えて1004円（対前年度比4・5％、43円上昇）となった。

2023年9月のパートタイム労働者の時給は1280円でコロナ禍前の2019年9月（1170円）から名目では9・4％上昇した。一般労働者の時給（各2108円、2161円）との格差（一般労働者＝100）は、この間に55・5から59・2へとわずかに縮小した[6]（厚生労働省「毎月勤労統計調査」）。とはいえ正規・非正規間の100：60という極めて大きな賃金格差は一向に改善される気配がない。それに加え、2022年後半以降の毎月3〜4％台にのぼる消費者物価の上昇はわずかな賃金上昇分を食いつぶし、前掲調査によれば、2023年9月のパートタイム労働者を含む常用労働者の「決まって支給する給与」の実質賃金指数（2020年平均＝100）は96・0へと低下している[7]。こうした賃金状況下では非正規雇用労働者の生活の好転は望めない。

一方、賃金と並んで有期契約で働く非正規雇用労働者の雇用の継続・安定を目的とした「無期転換（5年）ルール」（労働契約法18条）による無期雇用への転換が2018年4月から始まった。厚生労働省が2021年1月に行った有期労働契約に関する「個人調査」では「無期転換ルールを用いて無期契約労働者となった」人は約118万人と推計され、女性が79・0％を占めているが[8]、前年4月の「事業所調査」によれば、「無期転換を申し込む権利を行使して無期転換した人」は対常用労働者比では2・2％に過ぎない[9]。続くその後の無期転換者の動向、労働条件等の実態については明らかになっていない。

2024年4月から企業に、有期労働契約の締結・更新時に通算契約期間または更新回数の上限の有無とその内容を労働者に事前に明示する義務が課せられる（労働基準法施行規則5条を改正）。無期転換後の更新上限の事前明示は労使のトラブルを防止する側面もあるが、通算契約期間が5年を超えない上限条項を事前に明示する企業が増えれば無期転換ルールが骨抜きになることが懸念されている。[10] 今回の改定では無期転換後の賃金・待遇の改善はまったく検討されることなく、有期労働契約時の処遇が引き続き許容される。非正規雇用労働者は無期雇用への転換について何を要望しているだろうか。

もう一点、連合総研「2022年非正規雇用調査」では対象となっていないが、コロナ禍で顕在化したのが、小売業や飲食店、介護現場などに広く普及する「シフト制労働」の問題である。労働契約時には就業日時や休日を定めず、現場の人員ニーズと働き手の都合を調整して、都度、週や月単位で就業時間が決まるシフト制労働者は、新型コロナウイルスの感染拡大による店舗や事業所の休業のなかでシフトの激減と収入の減少に見舞われ、問題の深刻さが浮き彫りになった。野村総合研究所による2021年2月時点の推計[11]によれば、パート・アルバイト（全国20～59歳）のうち「シフトが5割以上減少かつ休業手当を受け取っていない実質的失業者」は約146万人にのぼっている。

厚生労働省はこうした事態に対し「いわゆる『シフト制』により就業する労働者の適切な雇用管理を行うための留意事項」を公表したが、労働法制の検討には至っていない。人手不足が進むなかで、シフト制労働者、ギグ・ワーカー、スポットワーカーなど単発・短時間の仕事を請け負う多様な働き方の増加が予測されるなかで労働者保護の整備が喫緊の課題になっている。

本書は、こうした非正規雇用労働の現況と深くかかわるその深層と課題を明らかにするものである。

本書の構成とキーワード――ジェンダー・法制・労働組合

はじめに本書の各章が依拠する連合総研「2022年非正規雇用調査」の対象について触れたい。調査回答者は全国の20～64歳の民間企業に雇用されている非正規雇用労働者（無期転換後の労働者、パートタイマー・アルバイト、契約社員・準社員、派遣労働者、嘱託社員）2500人であり、女性が72・8%、男性が26・2%を占めている（どちらともいえない／答えたくない1%）。労働組合の組合員（500人）と非組合員（2000人）を区分して収集した。本調査の結果はすでに連合総合生活開発研究所『「2022年 非正規雇用労働者の働き方・意識と労働組合に関する調査」報告書』（2023年8月）（以下、連合総研『2023年調査報告書』）として公表されている。

他方、6つの労働組合単組と3つのNPO・団体に対する「インタビュー」についても連合総合生活開発研究所「非正規で雇用される労働者の働き方・意識に関する実態調査と労働組合の役割に関する調査研究委員会　インタビュー概要」（2023年8月）（以下、連合総研「インタビュー概要」）が公表されている。インタビューでは、労働組合における非正規雇用労働者の組織化の経緯や組合活動への参加状況、個別単組における働き方・処遇の直面する課題等について聞き取りを行った。各章での「調査」・「インタビュー」の引用に当たっては、すべて「凡例」に記載の略称を用いて記述している。

本書は、連合総研非正規雇用研究会に参集したメンバーが、本調査・研究から今後の非正規雇用労働を展望して、いま最もメッセージを発したいテーマについて執筆したものである。共通する課題意識は、非正規雇用労働の明日を切り拓くキーワードは「ジェンダー・法制・労働組合」であり、その視点から非正規雇用労働（者）の現状を問い直し、政策課題を提起することである。これを反映して、本書は4部12章から成っている。各章は最もウエイトをおくキーワードに沿って配置されている。以下、各章の要点を紹介し、多くの方に本書を読んで頂きたい。

はじめに「**第Ⅰ部**　非正規雇用労働者とは誰なのか」では3つの角度から、改めて現在の非正規雇用労働者の実像を確認した。

筆者が独創した多様な経歴を辿る10体のペルソナから裏づけられた非正社員の実体は、低賃金と仕事内容を加味した正社員との賃金格差を理不尽だと考え、賃金を狙われ奪われている（「労働者の宿命」に苦しむ）生活者である（**第Ⅰ章**）。

非正規雇用労働組合員にフォーカスすると、男性の7割余、女性の5割近くがシングルである。仕事への不満は断トツ「賃金」であるが、組合員の3割は組合活動を知らず、85％は活動に参加していない（**第2章**）。

連合総研「2015年非正規雇用調査」結果と比較すると、賃金はじめ非正規雇用労働者の待遇改善を要求する意識と、コロナ禍を経て「安定雇用」志向の広がりが無期雇用への転換希望を強めている。しかし他方に、転換非希望者も約半数おり、その背景にも焦点を当てる（**第3章**）。

「**第Ⅱ部**　非正規雇用労働とジェンダー」ではジェンダー問題そのものに切り込んだ。

日本社会の主流は正社員男性世帯主世帯であった。離婚や未婚の増加のなかで中高年シングル女性を含む非正規〈女性稼ぎ主〉世帯が急増し、賃金年収200万円未満が6割弱を占めて厳しい生活に直面している（**第4章**）。

今、第3号被保険者制度見直しの渦中にある〝主婦パート〟。性別役割分業意識の下での就業選択に変わらぬ主婦パート像が浮かび上がるが、近年増加する既婚女性契約・派遣社員は異なる様相を見せる。これからの既婚女性の働き方に一石を投じる（**第5章**）。

コロナ禍は働く女性のケア負担を増大させ、ケアと労働の両立のための社会保障制度の必要を痛感させた。ワークと同様に女性の妊娠・出産期間、性を問わない家族内ケアの承認と所得保障のあり方が提案される（**第6章**）。

「**第Ⅲ部**　非正規雇用労働と社会保障・労働法制」では労働権と生活保障に欠かせない今後の社会保障・労働法制を非正規雇用労働者のニーズに寄り添って問い直した。

働き方と関わる「望ましい社会保険制度」の上位は「仕事を休んでも生活に困らない」、「勤め先・労働時間の変更が不利にならない」制度である。新たな社会保障制度の構築には、労働者の声を集め、代表する労働組合の関与・支援が必須だと説く（**第7章**）。

「必要だと思う労働法」では、「雇用形態間の柔軟な移行、正社員並み有給休暇の保障、最低労働時間保障、無期転換制度の改定、賃金額の適正さの審査」等への要望があがる。これらを実現する現行法制の活用と具体的運用、労働組合の取り組みが提示される（**第8章**）。

労働法制検討の一環としてコロナ禍で労働時間過小の問題が顕在化したシフト制労働を取り上げた。ＥＵ諸国の法規制を概観し、日本が今後検討すべき法政策として、より詳細な労働条件の明示義務、最低限の労働予見可能性の確保、最低労働時間規制の導入を提起する（**第9章**）。

「**第Ⅳ部**　非正規雇用労働と労働組合」は、「労働組合の役割」を課題に掲げる本調査・研究の核心でもある。非正規雇用労働の未来に関わる労働組合を３つの角度から問い直した。

労働組合は非正規雇用労働者を守れる存在足り得るか。連合「なんでも労働相談ホットライン」は非組合員も対象に年間２万件にのぼる全国からの労働相談に対応するが、「仲間を守る」基本の取り組みは非正規雇用で働く仲間の組織化にあると、その豊富な実践例を語る（**第10章**）。

ジェンダー平等の推進は男性正社員中心の日本の労働組合も例外ではない。女性組合役員の選出はいま優先課題であるが、パートタイム労働者の組織率の上昇を背景に非正規雇用の女性組合役員の選出も射程に入る。非正規女性の労働組合意識、役員の選出と効果を論じた（**第11章**）。

労働組合の推定組織率の落下に懸念が強まっている。筆者は組織率の反転に向けて「リアル組織率」を提起する。その指標はUアボイダー（労働組合に対する回避的低評価層）とUヘイター（敵意的低評価層）の動向である。労働組合再興の起点となるか、論争的な終章である（**第12章**）。

本書の出版に至る非正規雇用研究会の活動は連合総研事務局の強力なサポートによるものである。出版を快く引き受け、執筆者を手際よくリードして下さった旬報社企画編集部部長の古賀一志さんに心からお礼を申し上げる。

注

1 ＴＤＢ（帝国データバンク）「特別企画：人手不足に対する企業の動向調査（２０２３年10月）」正社員の人手不足は52・１％『２０２４年問題』の建設／物流業では既に約7割に〜インバウンドが好調な『旅館・ホテル』も深刻な人手不足〜」（有効回答１万１５０６社　大企業15・４％、中小企業84・６％）(https://www.tdb-di.com/special-planning-survey/sp20231102.php：最終確認日２０２３年11月22日）。

2 執筆時点で入手できた総務省統計局「労働力調査（基本集計）」の「月次」の最新の「結果」は「２０２３年９月分」であった。本文中、非正規雇用労働者は同調査の「非正規の職員・従業員」を、正規雇用労働者は「正規の職員・従業員」を指している。いずれも役員を除く雇用者数である。

3 総務省統計局「労働力調査（基本集計）」によれば２０２０〜21年に女性非正規雇用労働者は59万人減少した。

4 休業者には育児／介護休業期間中で育児／介護休業給付金や職場から給料・賃金をもらうことになっ

ている者を含んでいる。

5 失業者が「探している仕事の形態」は総務省統計局「労働力調査（詳細集計）」全国・四半期による。詳細集計には月次の報告はないため7〜9月期を用いる。基本集計の「完全失業者」の条件が「調査期間中に、仕事を探す活動や事業を始める準備をしていた」であるのに対し、詳細集計の「失業者」は「調査期間を含む1か月間に、……」を条件としている。失業者のなかに完全失業者が含まれる。

6 時給（時間当たり給与）は、いずれも所定内給与を所定内労働時間で除して算出している。

7 実質賃金指数は、決まって支給する給与の名目賃金指数を消費者物価指数（持ち家の帰属家賃を除く総合）で除して算出している。

8 厚生労働省労働基準局『令和3年有期労働契約に関する実態調査（個人調査）報告書』2021年、Ⅲ統計表の第1表［無期転換者（無期転換ルールによる転換）］による。無期転換者数は117万7038人。注記によれば、標本調査であるので人数は本調査の母集団に復元した後の労働者数である。

9 厚生労働省労働基準局『令和2年有期労働契約に関する実態調査（事業所調査）報告書』2021年、Ⅲ統計表の第10表［平成30年度・平成31年度合算］から算出。

10 「日本経済新聞」2023年9月25日朝刊、「『雇止め条項』広がる懸念―無期雇用への転換可否、来春から明示」。

11 野村総合研究所「NEWS RELEASE」2021年3月1日「野村総合研究所、パート・アルバイトの中で『実質的失業者』は、女性で103万人、男性で43万人と推計」（https://www.nri.com/-/media/Corporate/jp/Files/PDF/news/newsrelease/cc/2021/210301_1.pdf：最終確認日2023年11月28日）

参考文献

落合恵美子（2022年）「新型コロナが露呈させたジェンダー問題とケアの危機」『社会政策』第13巻第3

号

周燕飛（2021年）『コロナショックと女性の雇用危機』（JILPT Discussion Paper 21-09）

竹信三恵子（2023年）『女性不況サバイバル』岩波書店

目次

第2章 日本の非正規雇用労働組合員 25

森 ます美

第5章　非正規雇用のなかの〝主婦パート〟　82

後藤　嘉代

第6章　ケアを保障する国家へ　98

上田　真理

第III部　非正規雇用労働と社会保障・労働法制

第Ⅳ部　非正規雇用労働と労働組合

総務省統計局「2017年就業構造基本調査」 総務省統計局「平成29年就業構造基本調査」（平成30（2018）年7月13日公表）（https://www.stat.go.jp/data/shugyou/2017/index2.html）
総務省統計局「2012年就業構造基本調査」 総務省統計局「平成24年就業構造基本調査」（調査の結果、平成25（2013）年7月12日公表）（https://www.stat.go.jp/data/shugyou/2012/index.html）
総務省統計局「2022年労働力調査（基本集計）」 総務省統計局「労働力調査（基本集計）2022年（令和4年）平均結果」（令和5（2023）年1月31日公表）（https://www.stat.go.jp/data/roudou/sokuhou/nen/ft/index.html）
総務省統計局「2022年労働力調査（詳細集計）」 総務省統計局「労働力調査（詳細集計）2022年（令和4年）平均結果」（令和5（2023）年2月14日公表）（https://www.stat.go.jp/data/roudou/sokuhou/nen/dt/index.html）
総務省統計局「2022年家計調査」 総務省統計局「家計調査年報（家計収支編）2022年（令和4年）」（令和5（2023）年8月8日公表）（https://www.stat.go.jp/data/kakei/2022np/index.html）
厚生労働省「2022年賃金構造基本統計調査」 厚生労働省「令和4年賃金構造基本統計調査」（令和4（2022）年11月25日公表）（https://www.e-stat.go.jp/stat-search/files?page=1&toukei=00450091&tstat=000001011429&tclass1=000001202310）
厚生労働省「2021年パートタイム・有期雇用労働者総合実態調査」 厚生労働省「令和3年パートタイム・有期雇用労働者総合実態調査」
厚生労働省「2022年労働組合基礎調査」 厚生労働省「令和4年労働組合基礎調査」（https://www.e-stat.go.jp/stat-search/files?page=1&toukei=00450101&tstat=000001015698&tclass1=000001200700）
厚生労働省「2022年労働組合基礎調査の概況」 厚生労働省「令和4年労働組合基礎調査の概況」（https://www.mhlw.go.jp/toukei/itiran/roudou/roushi/kiso/22/index.html）
厚生労働省「2021年労働組合活動等に関する実態調査」 厚生労働省「令和3年労働組合活動等に関する実態調査」（https://www.mhlw.go.jp/toukei/list/18-r03.html）
厚生労働省「2019年労使コミュニケーション調査」 厚生労働省「令和元年労使コミュニケーション調査」（https://www.mhlw.go.jp/toukei/list/18-r01.html）
国税庁「2021年分民間給与実態統計調査―調査結果報告―」 国税庁「令和3年分民間給与実態統計調査（https://www.nta.go.jp/publication/statistics/kokuzeicho/minkan2021/pdf/000.pdf）

■凡例

【連合総研関連資料】

連合総研「2022 年非正規雇用調査」 連合総合生活開発研究所「2022 年 非正規雇用労働者の働き方・意識と労働組合に関する調査」(https://www.rengo-soken.or.jp/work/2023/08/311630.html)

連合総研「2015 年非正規雇用調査」 連合総合生活開発研究所「非正規労働者の働き方・意識に関する実態調査」(https://www.rengo-soken.or.jp/work/2023/03/071245.html)

連合総研『2023 年調査報告書』 連合総合生活開発研究所『「2022 年 非正規雇用労働者の働き方・意識と労働組合に関する調査」報告書』(2023 年 8 月)(https://www.rengo-soken.or.jp/work/c0d8a871c61bc12b5a14ac75b30ddbba2251381f.pdf)

連合総研『2016 年調査報告書』 連合総合生活開発研究所『「非正規労働者の働き方・意識に関する実態調査」報告書』(2016 年 3 月)(https://www.rengo-soken.or.jp/work/201603-02_01.pdf)

連合総研「インタビュー概要」 連合総合生活開発研究所「非正規で雇用される労働者の働き方・意識に関する実態調査と労働組合の役割に関する調査研究委員会　インタビュー概要」(2023 年 8 月 31 日公表)(https://www.rengo-soken.or.jp/work/%E9%80%A3%E5%90%88%E7%B7%8F%E7%A0%94%E3%80%80%E9%9D%9E%E6%AD%A3%E8%A6%8F%E9%9B%87%E7%94%A8%E7%A0%94%E7%A9%B6%E4%BC%9A%20%20%E3%82%A4%E3%83%B3%E3%82%BF%E3%83%93%E3%83%A5%E3%83%BC%E6%A6%82%E8%A6%81%282023%E5%B9%B48%E6%9C%8831%E6%97%A5%E5%85%AC%E8%A1%A8%29.pdf)

【主な政府関連資料】

内閣府男女共同参画局『2022 年版男女共同参画白書』 内閣府男女共同参画局『男女共同参画白書令和 4 年版』(令和 4(2022)年 6 月公表)(https://www.gender.go.jp/about_danjo/whitepaper/r04/zentai/pdfban.html)

内閣府男女共同参画局『2021 年版男女共同参画白書』 内閣府男女共同参画局『男女共同参画白書令和 3 年版』(令和 3(2021)年 6 月公表)(https://www.gender.go.jp/about_danjo/whitepaper/r03/zentai/index.html)

総務省統計局「2022 年就業構造基本調査」 総務省統計局「令和 4 年就業構造基本調査」(令和 5(2023)年 7 月 21 日公表)(https://www.stat.go.jp/data/shugyou/2022/index2.html)

第Ⅰ部

非正規雇用労働者とは誰なのか

第1章　非正規雇用労働者とは誰か——ペルソナ作成を通じて——

本田　一成

はじめに

総務省統計局「2022年就業構造基本調査」によると、非正社員は男女とも純減し、非正社員比率は低下に転じた。だが、非正社員の構成などは従前と変わらない。女性の非正社員が圧倒的に多く、約7割を占める。しかも、女性は、20代でアルバイトが多いものの、それ以降はパートタイマーを筆頭に、派遣労働者、契約社員、嘱託社員など、まんべんなく各年代に存在する。

要するに女性は長い期間、非正社員で働く。非正社員は女性の就業形態と言われるゆえんである。あえて乱暴に言えば、正社員で働くのが主流である男性の非正社員は、20代までと60代以降の働き方であり、現役世代の各年代では派遣労働者が10％ほどで推移するのが目につく程度である。

非正社員の働き方は多様であり、それらを掘り下げていくのが定石だが、あえて非正社員とは何かという本質を問い、収れんさせようとすると、透視図が必要である。

本章では、非正社員を分析する透視図を提示した後、連合総研「2022年非正規雇用調査」に基づいて、非正社員のペルソナを作成しながら、非正社員の実体を明らかにする。[1]

複数のペルソナを提示するため、本章も非正社員の多様性を提示することから免れるものではない。だが、多様性から類型化に進むことで非正社員の本質に到達しようとするのではない。非正社員の本質へ接近した後に多様性の考察に進むという点で、逆コースになる。

1 非正社員の透視図

非正社員の全体像を見通すだけでなく、その展開の経路が見えたうえで多様な非正社員がどういう労働者であるかを知るための手がかりが欲しい。その一例は、非正社員は日本で主流の雇用方式であるメンバーシップ型が生み出したF型であると解釈することである。[2]

一般に非正社員は、臨時的雇用であり勤務先に定着せず流動する、と想定されている。横から入ってきて横へ出ていく。ところが、日本では正社員と非正社員を厳格に区分して、長期雇用で定着的な正社員の下位に非正社員を位置づけることが多い。この位置にいることで、正社員との仕事内容が重複したり、非正社員が正社員に転換したりする。これは非正社員の基幹労働力化

図表1-1　メンバーシップ型雇用

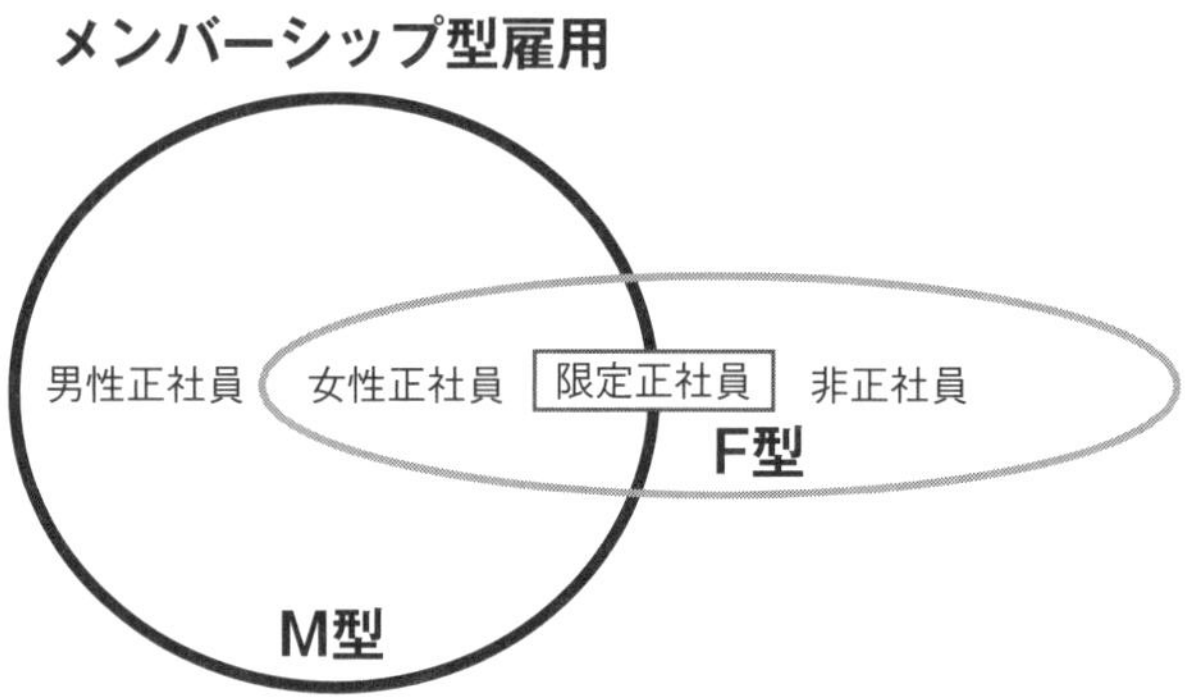

（基幹化）と呼ばれる。[3] 正社員は、最下層から入り企業内部で縦に上っていくことを主軸に、世界で独特な雇用制度が形成され、安定的な賃金と引き換えに長時間労働や転勤などが課される。この点で労働者に強固なメンバー性を求めるから、メンバーシップ型雇用と呼ばれている。[4]

正社員でも、メンバーと非メンバーの区分が設けられたり、非正社員を非メンバーにしたりする。メンバーの働き方はハードルが高く、家族責任に向かいにくくなる。このためジェンダーバイアスの大きい日本の男女役割分業になじみ、あたかも男女の区分と重なりながら定着してきた。

要するに、**図表1-1**のように、メンバーシップ型雇用では、M（male）型とF（female）型に分かれ、非正社員はメンバーから外れた女性が多くなる。もちろん、男性のF型が存在し（例：男性非正社員）、女性のM型も存在する（例：女性管理職・役員）。M型から離れるほどに、賃金や雇用に差がつけられる制度であるとみなすと、正社員の男女間賃金格差やマミートラック、非正社員の低賃金や賃金格差などが生じることになる。非正社員の本質を考える手がかりとなろう。

別の手がかりは、M型とF型の視点をもう一歩進めることで得られる。すなわち、無限定と言えるほどの企業への拘束を強いられる働きぶりを課される正社員と、そのメンバーにならないか、なれない非正社員の二極分化である。つまり、労働時間の長短と賃金の高低の落差の二極分化と言い換えられる。

正社員は使用者から労働時間を狙われ奪われる労働者と解釈することができる。正社員にとっての労働問題とは、常に長時間労働であり、不払い残業であり、有給休暇の未消化であり、甚だしきは過労死や過労自殺となる。その的《まと》（ターゲット）は明らかに労働時間であり、なるべく奪いやすいように的が大きくなる長時間労働につながる慣行が多い。

一方、非正社員は、正社員に比べて労働時間が短く、奪おうとしても的が小さい。そのために直接に賃金が狙われ奪われる労働者と解釈できる（「労働者の宿命」論）[5]。非正社員にとって労働問題とは、低賃金、賃金格差、不払い賃金などとなる。家族責任のため非メンバーとなり、非正社員として登場する主婦パートはF型の典型であり、非正社員の原型である。基幹化すればするほど、低賃金のままであればあるほど、その差額としての賃金格差が最も大きく、同一労働同一賃金が渇望される背景になっている[6]。

このように、正社員と非正社員は水と油のように分離した労働者であり、いわば宿命が違う労働者である。M型・F型と表裏一体の「労働者の宿命」も非正社員を透視する手がかりとなろう。

2　10種類の非正社員セグメント

こうした手がかりを念頭に、非正社員のペルソナの作成へ進もう。

ペルソナは、「２０２２年就業構造基本調査」の結果を念頭に置き、男女のライフコースと家族構成を重ねながら取りあげる非正社員を決め、連合総研「２０２２年非正規雇用調査」を再集計して作成した。例えば、人数が多い40代女性パートの場合は、40代主婦パートに限定して、調査項目を集計し、その特徴点を拾いながら肉付けしていく。

ただし、特徴点とは、平均値や最多数の回答が集まった選択項目のみで判断したわけではなく、限定したタイプの調査結果を横並びで見て適宜検討して記述した。その意味では主観的であるものの、限定したタイプから逸脱していない。こう考えると、従来の研究が、多かれ少なかれ労働者セグメント分析であったことがわかる。

改めて10種の非正社員セグメントを記すと、①40代主婦パート、②正社員定年後の60代女性高齢者シングルのパートタイマー、③親と同居するシングルの30代女性契約社員、④一人暮らしの20代女性派遣労働者、⑤30代シングルマザー、⑥50代シングルマザー、⑦子どもと同居する60代主婦パート（夫は正社員定年後嘱託社員）、⑧親と同居する未婚の40代男性アルバイト、⑨既婚の30代男性派遣労働者、⑩正社員定年後の60代男性嘱託社員（妻は専業主婦）である。

最初に取り上げる40代主婦パートのセグメントの主な調査結果は次のように算出された。平均年齢は45・0歳、学歴は「高校卒」40・5％、「短大・高専卒」21・4％、学校卒業後正社員になったのは71・0％である。

勤務先業種は「卸売・小売業」22・5％、「医療・福祉」19・2％、「サービス業」11・2％などが上位で、「1社だけに勤務」しているのは89・6％である。

時給は1058・1円で、年収では「100万円未満」43・0％、「100〜200万円未満」35・9％の2つに集中する。その収入が「世帯収入の半分未満」であるのは83・3％と大多数である。年金は配偶者の加入年金の被扶養者（第3号被保険者）が59・7％となる。

勤務先の仕事は、「正社員と同じ内容で軽易な仕事」が32・6％、「正社員と異なる仕事」が27・7％、「正社員と同じ内容で同程度の仕事」が24・7％である。「賃金格差があるが許容できる程度」と考えているのは38・3％である一方、「賃金水準は低くかなりの格差がある」と考えているのも33・6％となる。「パート・有期雇用労働法」の同一労働同一賃金ルールを「あまり知らない」は41・9％、「知らない・初めて聞いた」は32・3％である。

雇用期間5年経過後の「無期転換を希望する」のは57・1％と半数以上いて、転換したい理由は、「安定して働きたい」が80・3％と多い。しかし、「正社員になりたくない」のは46・8％と約半数となり、なりたくない理由は「家事や育児・介護の時間が必要だから」47・4％、「労働時間・労働日を選んで働きたいから」39・2％などである。

仕事で不満・不安なことは、「ボーナスがない・少ない」が36・2％、「賃金が低い」が31・5％、「仕事の経験を積んでも賃金が増えない」が25・2％と賃金面の不満が上位を占める。「不満や不安がない」は24・4％にとどまる。また、「ハラスメント・差別を受けたことがない」は65・2％である。労働組合には正社員の賃金も非正社員の賃金も上げてほしいと考えるのは85・2％と多い。

配偶者が「正社員・会社役員である」のは86・3％、「子どものいる世帯」は39・2％、末子の年齢は12・4歳である。家事・育児・介護の分担率は78・8％に及び、配偶者の分担率は16・8％にとどまる。家事・育児・介護が働き方に影響しているのは72・6％に上る。

世帯年収が「500〜600万円未満」であるのは15・5％、「400〜500万円未満」が10・6％、「600〜700万円未満」が10・2％である。世帯の収支は「やや赤字」が23・3％、「収支トントン」が22・5％、「やや黒字」が17・0％で、家計の対応策としては、「衣服や靴の購入を控えた」48・2％、「食費や外食回数を減らした」47・9％などとなっている。

望ましい社会保険制度は、「コロナ禍で仕事を休んでも生活に困らない」が54・2％と最も多く、「所得にかかわらず年金の最低額が保障される」の44・4％が続く。

必要だと思う法律（労働法）は、「希望するタイミングでフルタイムとパートタイムを行き来できる」が最も多く40・0％、次に「育児や介護で休む間も賃金が支払われる」が30・4％となっている。一方で、法改正・同一労働同一賃金ルールで「特に変化はない」が60・8％と多い。

満足度ポイント（1～5点で点数が高いほど満足しており、どちらともいえないは3点）は仕事全般が3・21、生活全般が3・17で満足度がやや高く、有望度ポイント（1～5点で点数が高いほど将来の見通しが明るく、どちらともいえないは3点）は仕事全般が2・87、生活全般が3・02と、仕事で低いが生活はそれほど低くない。

ざっと拾ってみたが、40代主婦パートセグメントの調査結果を読み上げてみれば、40代主婦パートの像の骨格が浮かび上がるはずである。そこに既存の研究や筆者の調査経験を加味して40代主婦パートのペルソナを次のように作成した。

高野ますみさん（主婦パート、45歳、東京都在住）
正社員並みの仕事なのに賃金格差があることに大きな不満
正社員への転換は家庭生活を考えると無理
生活がだんだん厳しくなっていくと予想して不安

高校を卒業してメーカーの正社員（事務職）になったが、出産で退職し専業主婦となり、娘が小学校に入学した時に、近所の小売企業でパートタイマーとして働き始めた。店舗のレジとサービスカウンターの仕事で、現在の時給は１０３０円である。

仕事と賃金のつり合いは理不尽としか思えない。「同一労働同一賃金」という言葉を聞いたことがあるが、詳しく知っているわけではない。第3号被保険者で年収の壁があるが、年収は90万円前後だから、賃金を上げて欲しい。だが、なかなか上がらないし、ボーナスもわずかだ。

夫の収入と合わせて年収は６００万円ほどになるが税金も高いし、生活が楽なわけではない。これから教育費も重くなる。もっと働きたいが夫は仕事だけの人だから身動きがとれない。もしも出産退職しなかったら、と想像することがあるが、退職しないと子育てができなかったはずだ。正社員で再就職するのが難しいことは知っているが、そもそも応募できる状況にないと思う。

今後待遇がよくなるのは期待できない。やりがいはあるし大きな不満があるわけではないが、将来の生活がどうなるのか。年金とか生活保障とか、もっと国が働く人たちのことを考えた制度をつくったり、手厚くしたりして欲しい。

3　非正社員のペルソナ

このような方法で、残り9体のペルソナも作成した。以下、順に紹介しよう。

青木雅子さん（パートタイマー、62歳、神奈川県在住）
男性本位の結婚に疑問を感じる
一人きりの生活に満足しつつも不安に思う時がある
働くしかない。だから大好きな仕事をずっと続けたい

短大を出てから病院の保育施設の保育士として働き始めた。未婚のまま一人暮らしを続けてきた。同じ職場に40年以上勤務して定年を迎え、2年前からパートに切り替わって働き続けている。

現在は1週40時間、時給1200円で働いている。時給は正社員の時から大幅に下がったわけではないが、ボーナスがなくなった。年収は約230万円で、そのまま世帯年収になる。

20代の時、交際していた男性との結婚を考えたことがあったが、男性本位の考え方に嫌気がさしてやめた。それ以降にも交際した男性がいたが、未熟に見えた。結婚しなかったことに後悔はなく、むしろ生活は自由で快適で、自分の選択が間違っていなかったと思っている。

女性は収入が低く暮らしていくのが大変だと思う。一人前として扱ってもらえないのだろうか。だからみな結婚するのだろうかと悩んだ。だが、どうしようもない。生活していくために働き続けるしかない。

正社員の時から厚生年金に入っているし、家族がいないので負担もなく身軽で、何とかなると思っている。だが健康を損なったり事故にあったりと突発的なことがあるかもしれないと思うと不安になる。

長らく同じ仕事をしてきたが、子どもたちが相手で飽きが来ない面白さがある。この仕事が好きだからできる限り、ずっと続けたい。

東城彩夏さん（契約社員、34歳、兵庫県在住）
セクハラの被害は退職後も残る
体調が悪ければ正社員で働くのは難しい
親との同居は安全で居心地がよく、現状のままでいたい

九州の大学を卒業してから現地で正社員の営業事務として働いていた。だが、上司からのセクハラ被害にあってメンタル不調がひどく退職した。兵庫の実家に戻り2年ほど休んでいた。3年前から地元の商社で契約社員の事務職として働いている。現在も自営業の両親と同居している。仕事はフルタイム勤務で、時給は1100円である。仕事内容は正社員の補助のような面もあるが、ほとんど正社員と同じだし、残業も多く有休もとりにくいので、賃金格差を意識せざるを得ない。会社の業績は好調であるため、なおさら賃金が低いのをとても不満に思う。

同居している両親は、何かにつけて、正社員になれないのか、と言ってくる。正社員の働きぶりは経験しているので敬遠してしまう。また両親には言っていないが、セクハラ被害を忘れたことはない。

親と同居していると、便利なことが多い。また、自分の年収が約３３０万円で、同居する親の収入と合わせて１０００万円近くの世帯収入になる。だから特に困っていないし、ある程度の貯金もできる。

親は結婚についてもあれこれ口を出してくるが、結婚したら夫や子どものことで、自分の時間がもてないことは目に見えている。今の状態がずっと続くとは思えないが、とても安全で居心地がよい。出産適齢期や親の老後のことはあるだろうが、まだ深く考えてはいない。

長瀬愛菜さん（派遣労働者、26歳、大阪府在住）
生活はできてはいるが、新鮮な感じがしない
自分のしっかりした判断こそ大切にしたい
ずっと働きたいから、結婚はまだしたくない

愛媛県出身で、大阪の短大に進学した。卒業後も一人暮らしを続けたくて、大阪で就職しようとしたがうまくいかず、通信企業のコールセンターで派遣労働者として働くことを選択した。

現在はフルタイム勤務で時給は１５５０円、残業や休日出勤も結構ある。年収は約３００万円だが、派遣会社の寮で生活しているし、仕事が忙しいから遊ぶ時間もなく、出費も少ない。短大時代から付き合っている人がいるが、正社員で長時間労働だから頻繁には会っていない。

生活に大きな不満があるわけではなく、特に服装が自由なのが気に入っている。だが、さしたる刺激もなく楽しいわけではない。そろそろ転職して、できれば正社員になりたいと思っている。

実家にいる両親は、忙しそうに働いている。たまに帰省すると、正社員にならないといけないとか、なれないなら実家に戻って来い、と言われるが、正社員になるのは大変だとか、愛媛では仕事が少ないとか、それらを理解しているのか、疑わしく思う。例えば、短大の時も、四大に比べて就職が難しいことをはじめて知った。軽々に周りに動かされず自分の判断で動きたい。

交際相手から結婚したいと言われているが、どうしてそんなに早く結婚したがるのかわからない。母親もずっと働いているし、結婚してもしなくても、働き続けていきたいと思う。

佐藤　舞さん（アルバイト、32歳、愛知県在住）
シングルマザーの働き方では生活できそうもない
親に負担をかけたくないが、頼らざるを得ない
自分と子どもの将来の見通しがたたない

専門学校を卒業して、病院の医療事務の仕事についた。結婚後は娘の出産で退職したが、娘が3歳の時に離婚し、当初は子どもと一緒に実家に戻って親と同居していた。

現在は実家近くに引っ越して、親にも援助してもらいながら生活している。あちこちで短期のアルバイトをしてきたが、娘が小学生になってからは労働時間を増やせた。現在は近所の介護施設の事務のアルバイトをしている。時給は１０００円だが、残業があるし休めない時もある。

いつも不満に思うのは、賃金が低いこと、ボーナスがないこと、セクハラが多いことである。「同一労働同一賃金」は聞いたことがあるが、よく知らない。労働法があることは知っているが、みんな守っていないように見える。養育費だって、最初の数か月で途絶えたままだ。

年収は約１８０万円だが、全部つぎ込んでもとても足りない。目いっぱい働いても毎月赤字になる。親の援助がなければ、借金するしかない。国や地方自治体の援助制度も十分ではない。貧困から脱出したい。

正社員の賃金はともかく、自分の賃金をもっと上げて欲しい。このままではいけないと思うがどうにもならない。子どもだけでなく、自分の将来もどうなるのか。

真島久美子さん（契約社員、53歳、石川県在住）
シングルマザー家庭は非正社員の低賃金でぎりぎりの生活になる
社会人になった子どもも長時間労働に悩まされている
今度は親の介護が立ちはだかる

地元の高校を卒業後、ホテルに入社した。結婚退職し、息子を出産して専業主婦をしていたが、27歳で離婚し、ひとり親家庭となった。

地元の旅館やホテルのパートタイマーで働くようになり、経験者として重宝された。不定期だが知人が経営する飲食店のアルバイトもしていた。この他、養育費として毎月3万円を受け取ってきた。

家計は常に赤字で、綱渡りのような生活を続けてきた。だが、息子が中学生になってから、旅館の契約社員になった。現在、時給は1100円で、年収230万円ほどになる。大学を卒業して鉄道会社に就職した息子の方が稼ぎがよいけれども、奨学金を返済中で、生活は楽ではない。

正社員も契約社員も同じ仕事だから、契約社員の賃金が低いのはおかしいし、差別されていると思う。正社員の賃金を下げてでも契約社員の賃金を上げるのは、不公平がなくなるから、ありだと思う。

正社員になれと言われても難しい。同居している息子は長時間労働で休みが少なく、世話が必要だ。また、近所に住んでいる80歳を超える母の介護が視野に入ってきた。

社会保険料の減免や貸付金などを利用しながら、母の助けも借りて何とかやってこれた。子育てや介護は女性がやるものと決まっているのか。女性の一生は厳しく不公平だと思う。

久保明美さん（パートタイマー、61歳、福岡県在住）
男性は家事育児ができないから、女性が非正社員になるしかない
非正社員は企業に奉仕しているのかも
非正社員の苦境は次の世代にも引き継がれている

高校卒業後、県内の信用金庫に勤務したが、22歳で結婚退職した。夫と息子1人の3人で生活している。夫は63歳で、定年退職してから嘱託社員、息子は40歳独身でイベント会社の契約社員で働いている。

近所の小売企業の店舗のパートタイマーで30年以上働いてきた。売場やレジなどを担当したこともあったが、定年後は時給1050円の朝の品出しだけにしてもらった。1週15時間の仕事だが、それ以上働くのはもう体力的にかなりつらいし、早朝の時間を活用できるから気に入っている。

定年前から、賃金面はずっと不満だった。ベテランさんと呼ばれてきたが、賃金アップはほんのわずかだった。しかもボーナスは寸志と呼ばれて驚くほど少額だ。退職金なんかない。そんな正社員との賃金の差額が企業の利益になっている気がする。非正社員はまるで企業に奉仕しているようだ。

毎日制服を着て精魂込めて働いている人に失礼じゃないの、正社員の新人に仕事を教えるのも私たちよ、と仲の良いパート仲間で愚痴を言い合うことが多い。

現在の年収は、約75万円だが、夫の収入と退職金があるし、家のローンも終わっているから、当面の生活は心配していない。むしろ、じっくり話したことはないが、きっと安く使われて差別的な職場で働く息子の将来の方が心配だ。

小川大輔さん（パート・アルバイト、43歳、滋賀県在住）
正社員になれなくても若い時は何とかなる
労働条件がよさそうな仕事を探している
非正社員の仕事に価値を見出していないし、将来のことはわからない

高校卒業後はアルバイトを始めた。建設現場や工場など身体を使う仕事だが長くは続かなかった。だが働くのが嫌いなわけではなく、どちらかというと人間関係をつくるのが苦手だと思っている。

その後は、ファミレス、ドラッグストア、ペットショップなどで働いてきた。親と同居しているので、家賃がかからないし、家にお金を入れているわけでもないので、生活できている。父親は定年後のアルバイトでマンションの管理人、母は農協でパートをしている。

現在は、コンビニで夜勤のシフトに入っている。時給１３５０円、年収は２００万円前後である。アルバイト先はいつでもあるから無期雇用とか自分にはあまり意味はない。

将来のことを考えるとやっぱり正社員がよい、と親に言われるから意識はしているが、そう簡単になれるものではない。友だちから、自動車工場の期間工が賃金とか福利厚生が充実していると聞いたので、面接を受けに行こうと思っている。

親の収入はわからないが、２人とも働いているし貯金もあるのだろう。困ってはいないようだ。

父親の車があるから、たまに友だちと遊びに行く。正直、仕事はこなしているだけで内容にあまり興味はない。満足とか不満というのは感じたことはない。将来のこともあまり考えたことはない。

鈴木拓也さん（契約社員、33歳、岡山県在住）
高卒で希望通りに就職するのは難しい
結婚後は仕事も生活も好転し、目標もできた
積極的に子どもが欲しいわけではない。家族の姿も変わっていると思う

高校を卒業後、中小企業に就職したが、1年足らずで退職してからはアルバイト先を転々としてきた。だが、28歳で高校の同級生と結婚したのを機に、安定的な仕事を探すようになった。

現在は、倉庫業務の仕事を続けている。当初は派遣労働者だったが、フォークリフトオペレーターになった時に、契約社員に切り替わった。夜間勤務が中心のシフトがきついが、時給は1700円で、年収は約350万円となった。厚生年金に加入している。

妻は、弁当店と飲食店を掛け持ちでアルバイトしていて、約200万円の年収になる。夫婦仲はよいけれども、二人ともシフトによって生活時間帯がまちまちで、スレ違いになることが多い。賃貸アパートに住んでいるが、中古マンションを購入する計画がある。この目標があるからやる気になる。

ふだんは夫婦であまり子どものことを話題にしない。若いうちに一生懸命働いて貯金しようと言っている。

非正社員はいつどうなるかわからない。また、子どもがいれば成長するにつれてお金がかかることは目に見えているから、躊躇しているのかもしれない。親に負担をかけたくないという気持ちもある。

非正社員同士の家庭であっても、お互いに仕事は気に入っているし、収入面も2人だけなら問題ない。正社員で働いて子どもがいるという家族ばかりではなくなるのではないか、と思っている。

岩崎英男さん（嘱託社員、62歳、大阪府在住）
結婚して子どもが3人できたが、家事や子育ては妻に任せきりだった
定年退職後も一定の条件で働けるから感謝している
これから高齢者の生活は不安が高まると思う

大学を卒業して大阪に本社があるメーカーに就職した。当初は営業だったが途中から総務畑になった。東京と仙台に転勤経験がある。定年後は嘱託社員となり2年目を迎えた。1年ごとに契約を更新していくが、健康面に問題が見つかると更新されないことがあるので、健康には気を付けている。

娘が3人いるが、社会人になり家を出ている。妻はパートタイマーの時もあったが、現在は無職である。自宅のローンも払い終わっている。退職金と年金があるので無理はしたくないが、子どもの学費が予想外にかかったので、貯金がそれほど多いわけではない。65歳になったら年金に頼るつもりだ。

フルタイムの嘱託社員の時給は2000円で、年収は約380万円になる。賃金格差が大きいと感じているが、退職金を受け取って嘱託社員で雇ってもらって、ありがたい気持ちの方が勝る。

家庭のことは、子育ても含めて妻に任せきりだったし、現在も家事をやっているわけではない。やらせてもらえない。得意料理はカップラーメンだ。妻には言えないが、正直、会社に勤めていると家にいるより楽だ。男性の同僚たちもみなそう言う。

これから、65歳で完全に年金暮らしになってからどうするか。生活が大変な高齢者が増えていると聞く。女性や若者の雇用や生活が深刻だと言われてきたが、高齢者もそうなのか。

4　令和時代の非正社員

本章の10体のペルソナから何が読み取れるのだろうか。紙幅の都合で簡略に記述せざるをえなかったのは否めないが、非正社員を透視するための手がかりと整合しているように見える。ペルソナが有効なのは、個人ベースで、各様に賃金を狙われ奪われているのが裏づけられる点である。低賃金であることに不満を持ち、仕事内容を加味した正社員との賃金格差を理不尽だと考え、賃金を奪われているという各人の実感がある。

また非正社員はF型であることも、ペルソナの随所で各様に見え隠れしている。女性のペルソナでは、明らかに家事や育児や介護から多大な制約を受けながら働いていた。なお、男性のF型を明瞭にしてくれるはずの老親介護や障害児ケアなどを担う非正社員や、シングルファザーなどは本章のペルソナに入っていないが、もちろん現実には存在する。

男性のペルソナは、必ずしもF型であることを自覚しているわけではなく、それどころか、非正社員であってもF型を形成する主体であったりする。だがF型の雇用・労働条件で働いている。つまり、F型であるという本質は同じで、意識と展開が違う。

ペルソナが示唆するのは、それぞれ異なっているように見えるけれども土台となるF型を明確に意識し、固定観念や偏見を正しながら、仕事や生活に関わる制度を改新する方向なのではないだろうか。

それはメンバーシップ型雇用の中のM型を変えることになる。昭和時代の強固なM型・F型の二極分化が消えれば、「労働者の宿命」が揺らぐ。賃金格差をなくすために賃金額を上げるという方策が王道とはいえ、家事育児介護労働の女性一極集中を崩したF型の分解によって賃金の決め方や上がり方を改める営みが欠かせない。

同時に、F型であるがゆえに苦境に直面する非正社員に関わる労働法や社会保障制度を改新したり創設し、国民が非正社員として生活していける状態を求めることになる。ペルソナでは語られなかったが、これらのことを進めるために労働組合が果たす役割や意義を問う必要もあろう。

こうした観点は第2章以下の問題意識と考察に連なる。

注

1 ペルソナとは、「実在する人々についての明確で具体的なデータをもとに作りあげられた架空の人物」（プルーイット＝アドリン（2007）2頁）。ペルソナ分析とは、マーケティングで顧客やユーザーの実像を把握するために従来のセグメント（分類）分析の弱点を克服するために開発された手法であり、米国の著名なコンピュータ開発者であるアラン・クーパーを開祖とする。分析対象のストーリーやシナリオを示すことで、提供する商品やサービスを明確にしたり、広げることができる。標準的な実務書として高井編（2014）、古典的なテキストではプルーイット＝アドリン（2007）をあげておく。労働者にペルソナ手法を適用して分析を試みた研究は、管見の限り見当たらない。

2 F型とは、メンバーシップ型雇用で働ける労働者（M型）を支えることを強いられる働き方である（本田（2023）193頁以下）。また、メンバーシップ型雇用は、ジョブ型雇用との対比ではなく、メンバー内部の構造に着目することで、正社員と非正社員を区別することができる。

3 パートタイマーの基幹化の概念、モデル、種類、内容などについては本田（2007）が詳述している。

4 濱口（2009）。

5 本田（2023）187頁以下。

6　本田（2010）。

参考文献

ジョンS・プルーイット＝タマラ・アドリン（2007年）『ペルソナ戦略―マーケティング、製品開発、デザインを顧客志向にする』ダイヤモンド社
高井紳二編（2014年）『実践ペルソナ・マーケティング―製品・サービス開発の新しい常識』日本経済新聞出版社
濱口桂一郎（2009年）『新しい労働社会―雇用システムの再構築へ』岩波書店
本田一成（2007年）『チェーンストアのパートタイマー―基幹化と新しい労使関係』白桃書房
本田一成（2010年）『主婦パート―最大の非正規雇用』集英社
本田一成（2023年）『メンバーシップ型雇用とは何か―日本的雇用社会の真実』旬報社

第2章　日本の非正規雇用労働組合員

森　ます美

はじめに

厚生労働省「2022年労働組合基礎調査」によればパートタイム労働者の労働組合員数は増加を続け2022年には140万4000人に達し、推定組織率は8・5%に上昇している。全労働組合員数に占める割合は14・1%で、パートタイム労働者が雇用者数に占める比率（27・3%）[1]に比べると、組織化の現状はまだ不十分であるが、140万余の非正規雇用の労働組合員の集団は賃金・労働条件等の改善に向けて大きな力を発揮する可能性を有している。

見渡すと非正規雇用労働者を組織する労働組合に関する調査・研究は種々みられるが、組織された日本の非正規雇用労働組合員にフォーカスし、その実像をトータルに把握した調査・研究は調べた範囲では見当たらない。そこで連合総研「2022年非正規雇用調査」[2]では非正規雇用労働組合員500人から回答を収集した。本章では、この調査結果を用いて日本の非正規雇用女性労働組合員と男性労働組合員の働き方と暮らし、その意識にアプローチする（以下、非正規雇用組合員または組合員）。はじめに全国の「パートタイム労働組合員」の概況をみてみよう。

1　非正規雇用組合員はどこで働いているか

図表2-1に示したように全国のパートタイム労働組合員数（以下、パート組合員）は140万4000人となり、全労働組合員数992万7000人の14・1％に当たる。非正規雇用労働者が雇用者数の34・8％を占めているのに比べるとその割合は半分以下に過ぎない。女性比率は75％にのぼり、女性パート組合員105万9000人に対し男性パート組合員は34万5000人である。

パート組合員の産業分布をみると、半数を超える52・7％が卸売業、小売業に集中し、これに次ぐ宿泊業、飲食サービス業を合わせると7割がこの2産業に集中する。この背景には、母体となる非正規雇用労働者の3割以上がこれらの産業に従事していること、および、非正規雇用労働者への依存度が高いことがある。特に宿泊業、飲食サービス業は非正規比率が72％と他産業に比して突出している。一方、卸売業、小売業は、推定組織率（15・8％）こそ平均を下回るが、約半数を占めるパート組合員を加えた労働組合員数は153万人にのぼり、製造業に次ぐ規模の組

図表2-1　非正規雇用労働組合員の産業分布（単位労働組合）

2022年	労働組合員数[1] (A)（千人）	分布	推定組織率 (A/C)（%）	パートタイム労働者の労働組合員数[1] (B)（千人）	分布	女性比率	B／A（%）
全産業総計	9,927	100.0	16.4	1,404	100.0	75.4	14.1
建設業	837	8.4	21.6	1	0.1	43.6	0.1
製造業	2,645	26.6	26.2	24	1.7	66.3	0.9
運輸業、郵便業	829	8.4	24.8	33	2.4	33.6	4.0
卸売業、小売業	1,534	15.5	15.8	740	52.7	83.4	48.2
宿泊業、飲食サービス業	328	3.3	10.2	252	18.0	62.7	76.9
生活関連サービス業、娯楽業	111	1.1	6.6	37	2.7	76.0	33.9
教育、学習支援業	426	4.3	13.7	56	4.0	88.5	13.0
医療、福祉	503	5.1	5.8	91	6.5	88.8	18.1
サービス業	196	2.0	4.5	22	1.5	50.1	11.0

2022年	雇用者数 (C)（万人）	非正規雇用労働者数[2] (D)（万人）	分布	女性比率	D／C（%）	非正規雇用労働者の時給[3]（円）男性	女性
全産業総計	6,048	2,105	100.0	67.7	34.8	1,605	1,247
建設業	387	53	2.5	35.8	13.7	1,575	1,239
製造業	1,009	253	12.0	56.5	25.1	1,351	1,086
運輸業、郵便業	334	98	4.7	44.9	29.3	1,308	1,126
卸売業、小売業	968	450	21.4	75.1	46.5	1,156	1,110
宿泊業、飲食サービス業	322	232	11.0	73.7	72.0	1,110	1,095
生活関連サービス業、娯楽業	167	87	4.1	72.4	52.1	1,186	1,193
教育、学習支援業	311	128	6.1	65.6	41.2	2,991	2,057
医療、福祉	870	324	15.4	87.7	37.2	3,597	1,525
サービス業	435	202	9.6	54.5	46.4	1,266	1,216

注1）非正規の職員・従業員数が50万人以上の産業を掲載した。労働組合員数は千人単位の概数を掲載したが、分布、女性比率は原数から算出した。

2）「労働組合基礎調査」によれば2022年6月の「パートタイム労働者数（雇用者数）」は1,653万人（雇用者総数の27.3%）、推定組織率は8.5%であるが、産業別のパートタイム労働者数（雇用者数）、推定組織率は公表されていない。同「雇用者数」の内容については同調査を参照されたい。代わりに非正規雇用労働者数として「労働力調査（基本集計）」の2022年6月の「非正規の職員・従業員数」（役員を除く雇用者）を用いた。

3）「2022年賃金構造基本統計調査」の「短時間労働者：正社員・正職員以外」の1時間当たり所定内時給額（全国　企業規模計10人以上）。

出所）厚生労働省「2022年労働組合基礎調査」（6月30日現在、労働組合員数）、厚生労働省「2022年労働組合基礎調査の概況」（6月30日現在、推定組織率）、総務省統計局「2022年労働力調査（基本集計）」（6月、雇用者数、非正規の職員・従業員数）、厚生労働省「2022年賃金構造基本統計調査」（時給）。

合員集団となっている。

これら以外の産業分野をみると、多くのパート組合員が医療、福祉をはじめ種々のサービス提供産業で就業している。しかし、これらサービス関連産業の推定組織率の低さも影響してか、労働市場における非正規雇用比率の高さに比べると、パート組合員は少ない。特に324万人の非正規雇用労働者を擁する医療、福祉業ではパート組合員は9万1000人に過ぎず、労働組合員総数に占める比率も18・1％に過ぎない。エッセンシャルワーカーとして社会の雇用需要がますます高まり賃金・労働条件の改善が急務である現在、当該産業における組織化の推進が求められる。

2　非正規雇用組合員のプロフィール

それでは非正規雇用組合員はどんな人たちだろうか。**図表2-2**をみると、平均年齢は女性組合員45・3歳、男性組合員44・0歳でほぼ等しいが、年齢構成は女性は20歳代が少なく7割近くが40歳以上の中高年女性である。一方、男性は20歳代と60歳代前半がそれぞれ4分の1以上を占める。60歳以上の男性組合員の約85％は「正社員として定年退職」したのちに非正規雇用で就業しているが、女性は逆に85％が定年退職の経験はなく以前から非正規就業を継続している。

配偶関係では男性組合員の7割余、女性組合員の5割近くがシングルである。非正規雇用非労働組合員（以下、非正規雇用非組合員または非組合員）に比べ男女とも単身者比率は高く、特に女

図表2-2　非正規雇用労働組合員の基本情報

（%）

	労働組合員（496人）		非労働組合員（1979人）	
性別構成	男性（26.4）	女性（73.6）	男性（26.5）	女性（73.5）
平均年齢・分布	44.0歳 20歳代　28.3 60歳以上　25.2	45.3歳 20歳代　13.7 40歳以上　67.3	44.3歳 20歳代　28.8 60歳以上　25.5	45.3歳 20歳代　13.5 40歳以上　67.3
最終学歴　高校卒 大学卒	43.5 26.7	49.3 13.7	43.8 33.3	39.0 17.1
居住地：最低賃金額地域ランク別	A　46.5 C　9.4	A　42.1 C　10.5	A　45.1 C　8.6	A　40.8 C　10.4
勤め先に労働組合　ある （正規・非正規加入の労組） ない	94.7 (80.2) 0.0	92.8 (82.7) 1.6	21.0 (4.4) 36.4	18.5 (6.2) 35.0
勤め先の労働組合に加入	90.1	85.2	—	—
労組への　自動的に加入 加入方法　自主的に加入	69.5 16.9	83.6 12.2	—	—
配偶者の有無	有 29.0　無 71.0	有 52.1　無 47.9	有 37.7　無 62.3	有 67.4　無 32.5
生計を同一にしている家族	親 42.7 配偶者 27.5 いない 29.0	配偶者 49.9 子ども 34.0 いない 17.5	親 39.6 配偶者 35.4 いない 24.4	配偶者 65.1 子ども 41.2 いない 12.7
定年退職後に非正規就業の比率（60歳以上を対象）	84.8	14.6	67.9	22.1
雇用形態　パート・アルバイト 契約・派遣・嘱託社員	45.8 53.4	77.8 21.2	54.9 43.9	81.7 17.8
雇用契約期間の有無 （有期の雇用契約期間）	有期 64.9 （1年以下 34.4） 無期 25.2	有期 49.3 （1年以下 24.3） 無期 38.4	有期 55.4 （1年以下 35.7） 無期 30.1	有期 44.6 （1年以下 23.5） 無期 44.2
企業規模 1000人以上 999人以下	45.8 35.9	44.9 27.4	18.5 57.0	14.5 58.0
勤め先の業種	卸売・小売業＋サービス業 40.5 運輸業 12.2	卸売・小売業＋サービス業 50.2 医療・福祉 11.2	卸売・小売業＋サービス業 30.5 製造業 17.5	卸売・小売業＋サービス業 32.3 医療・福祉 17.2
職種	営業・販売職＋サービス職業 51.9 保安職他 12.2	営業・販売職＋サービス職業 54.2 事務職 17.5	サービス職業＋生産工程職 37.9 保安職他 16.2	営業・販売職＋サービス職業 36.2 事務職 22.4
平均勤続年数　（5年以上） （20年以上）	10.1年　(49.1) (16.0)	8.6年　(64.6) (7.7)	6.9年　(36.6) (9.3)	6.5年　(46.2) (4.5)
週実労働時間 （2022年11月 残業を含む）	30時間未満　24.5 35時間以上　62.5	30時間未満　46.3 35時間以上　42.6	30時間未満　37.5 35時間以上　53.1	30時間未満　63.6 35時間以上　26.5
正社員と同じ内容の仕事を担当 難易度（同程度・高度・軽易）	65.6 同40.5 高3.8 軽21.4	65.8 同29.0 高3.0 軽33.7	51.2 同25.7 高3.6 軽21.9	56.1 同24.7 高1.7 軽29.6
平均時給額	1173円	1132円	1256円	1105円
厚生年金加入者 夫の年金の被扶養者	65.6 —	56.7 18.9	48.4 —	32.2 34.0
賃金年収（税込み）	100万円未満　7.8 300万円未満　68.0	100万円未満　21.4 300万円未満　91.1	100万円未満　17.2 300万円未満　75.2	100万円未満　39.7 300万円未満　95.4
世帯年収（税込み）	300万円未満　50.0 500万円未満　83.0	300万円未満　44.3 500万円未満　65.6	300万円未満　51.7 500万円未満　75.7	300万円未満　35.3 500万円未満　56.5
主たる生計維持者	57.2	31.5	49.7	19.9

注1）労働組合員数および非労働組合員数は性別について「どちらともいえない／答えたくない」を除く。
　2）「主たる生計維持者」とは組合員本人の賃金収入が世帯収入の「すべて＋大部分＋半分以上」を占めている人を指す。
出所）連合総研「2022年非正規雇用調査」より筆者作成。

性で15％近く高い。年齢構成も加味すると、女性組合員には、一定数の中高年シングル女性が含まれると推測され、一概に非正規雇用女性組合員＝「主婦パート」の集団とは言えない。シングルの男女を含め組合員は親や配偶者と同一生計を営み一人暮らしの単身世帯は2～3割弱にとどまっている。

組合員の勤め先にはほぼ労働組合があり、正社員と非正規雇用労働者が加入できる労働組合が8割を超えている。男性組合員の90％、女性組合員の85％が勤め先の労働組合に加入している。加入の方法をみると、男女の7～8割以上が自動的に加入したユニオンショップ型労働組合の組合員で、自主的に加入するオープンショップ型の組合員は男性16・9％、女性12・2％と少ない。他方、非労働組合員では勤め先に労働組合がある比率は2割前後と低く、男女非組合員の8割前後が「労働組合はない・あるかどうかわからない」と答えている。

3　働き方と仕事・賃金

女性組合員の8割近くはパートタイマー・アルバイトで就業しているが、男性組合員は契約社員・準社員、派遣労働者、嘱託社員が半数を超える。雇用契約期間は男女とも約半数以上が有期雇用契約で、特に男性組合員の64・9％が目立つ。勤め先の企業規模は、女性・男性組合員ともに45％が1000人以上の大企業労働者である。非組合員の大企業比率が男女とも2割を切って、

6割弱が999人以下の中・小企業に勤務しているのとは対照的である（各2～3割弱が企業規模は「わからない」と回答）。業種は、男女組合員の4～5割が卸売・小売業とサービス業に集中している。卸売・小売業の比率は女性で38・1％、男性で26・0％と最も高い。**図表2－1**で見たパートタイム労働組合員の産業分布を反映している。これに対し非組合員の業種は、女性は卸売・小売業（17・7％）、男性は製造業（17・5％）をピークに諸産業に分散している。平均勤続年数は男性組合員が10・1年、女性組合員が8・6年で、非組合員に比べ長期勤続傾向が明らかである。

非正規雇用組合員は男女とも3分の2の人が正社員と同じ内容の仕事をしている。同じ内容でも難易度は正社員と「同程度」か「軽易な仕事」が多い。パート・有期雇用労働法によって「同一労働同一賃金ルール」が適用される組合員（正社員と同じ内容で高度／同程度の仕事）は男性の44・3％、女性の32・0％といえる。この比率は非組合員（各29・3％、26・4％）よりも高い。

組合員の平均時給額は、男性1173円、女性1132円である。**図表2－1**を参照すると、非正規雇用労働者の業種別時給額の最底辺とは言わないまでも、それに準ずる低い賃金水準であることがわかる。非組合員に比べると、男性は83円低く、女性は27円高い。男性組合員の時給が非組合員よりも低いのはなぜだろうか。最低賃金額地域ランク別にみた居住地に大きな差はみられない（**図表2－2**）。両者の勤務先業種の違いもあろうが、男性組合員の半数近くが相対的に賃金水準の低い大企業に勤務し、反対に男性非組合員の6割弱が大企業よりは時給が高い中・小企業に集中している影響かもしれない[3]。

社会保険の加入状況にふれると、男女組合員の6割前後が本人の厚生年金に加入している。この比率は非組合員よりかなり高い。反対に夫の年金の被扶養者比率は、組合員女性は18・9％と低いのに対し、非組合員女性は34％と高く厚生年金加入者を上回っている。

【コラム】日本介護クラフトユニオンの介護パート労働者の時給

図表2-1の「医療、福祉業」の時給は他産業に比べ高額であるが、これは「医療業、保健衛生、社会保険・社会福祉・介護事業」（産業中分類）の平均額である。インタビューを行った日本介護クラフトユニオン「2022年賃金実態調査」によればパート組合員の「時給」は、訪問介護員（身体介護1517円、生活援助1286円）、入所系介護員1168円、通所系介護員1060円である。訪問介護員の時給が他より高いが、訪問先やサービス時間が限られ実際の収入は入所系介護員より低い傾向にある。インタビューの内容は連合総研「インタビュー概要」を参照されたい。

4　非正規雇用組合員は何が不満か

(1) 仕事への不満は断トツ「賃金」

非正規雇用組合員の仕事への不満は断トツ「賃金収入が低い」ことに集約される（**図表２‐３**）。これは組合員・非組合員に共通する最大の不満であるが、特に男性組合員は「ボーナスがない・少ない」50・４％、「賃金が低い」42・０％、「仕事の経験を積んでも賃金が増えない」35・１％と不満は突出している。労働組合員としての「賃金」への意識もあろうが、男性組合員の派遣・契約社員比率の高さ、勤続年数の長さ、正社員と同一職務担当の高さなどが関わっているよう（**図表２‐２**）。前述の「正社員と同じ内容の仕事をしている」男性組合員の51・２％、女性組合員の42・９％が、正社員に比べ「賃金水準は低くかなりの格差がある」と不満を表明している。

「同一労働同一賃金ルール」の効果をみても、「基本給が上がった」（組合員計18・２％）、「ボーナスが支給されるようになった」（組合員計５・８％）職場はわずかで法施行の改善効果は見込めない。この比率は非組合員ではさらに低く、取るに足りない（各10・９％、２・４％）。

だからと言って非正規雇用組合員は自分たちの賃金だけが上がれば良いとは思っていない。「労働組合の望ましい賃上げ」方針としては男性も女性も75％前後が「正社員と非正規の賃金を上げる」に賛同し、正社員が警戒する「非正規を上げて正社員を下げる」は６・２％と低い。

最後に**図表２‐３**をみると、仕事への不満の表明は賃金を除くと低く、組合員と非組合員、男女間で傾向の差はみられない。これが実態なのか、聞き方の工夫が必要なのか、検討を要する。

図表2-3　非正規雇用組合員の仕事への不満・不安

（複数回答）

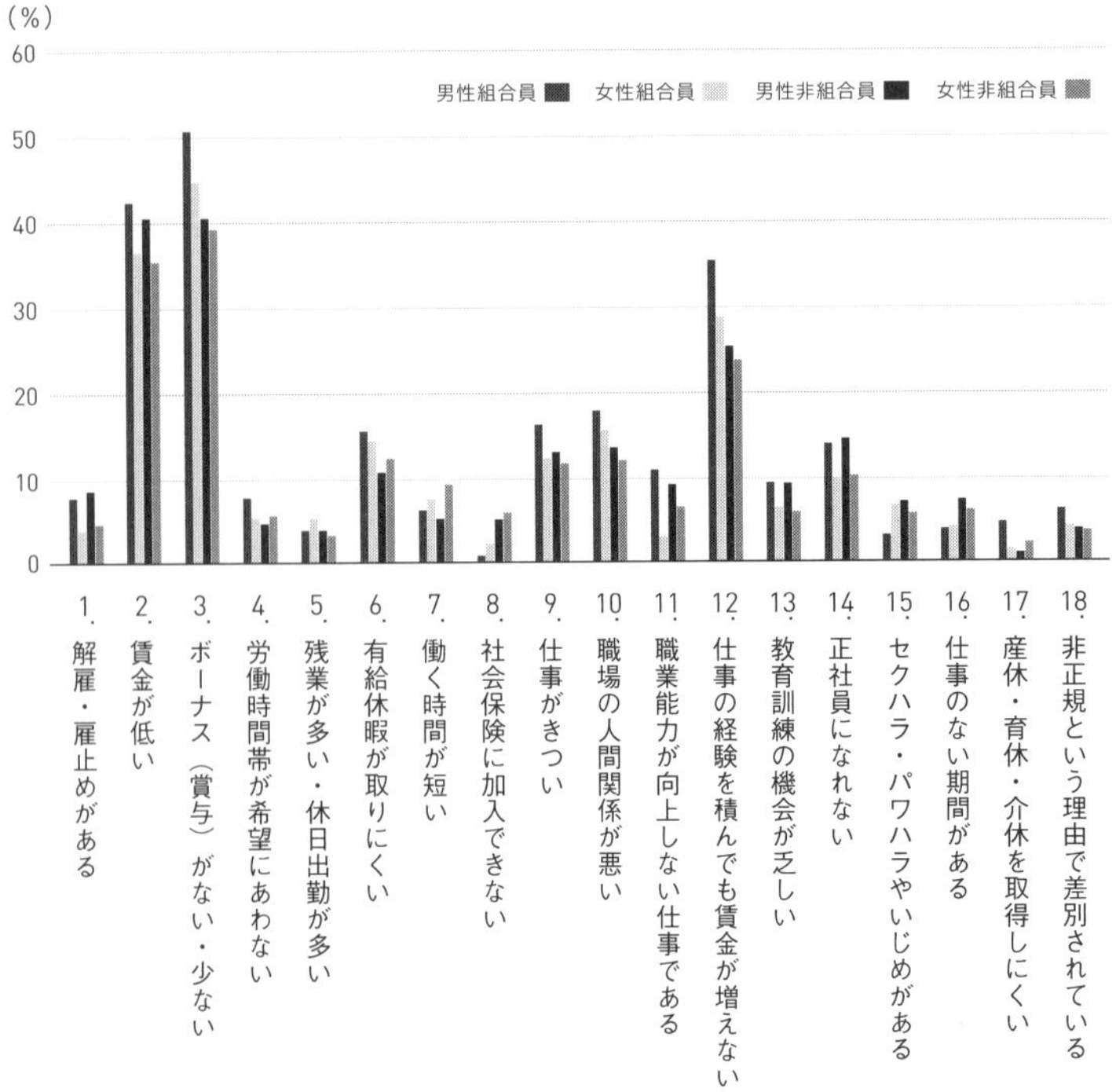

（複数回答、%）

選択肢	1.	2.	3.	4.	5.	6.	7.	8.	9.	10.	11.	12.	13.	14.	15.	16.	17.	18.
男性組合員	7.6	42.0	50.4	7.6	3.8	15.3	6.1	0.8	16.0	17.6	10.7	35.1	9.2	13.7	3.1	3.8	4.6	6.1
女性組合員	3.8	36.2	44.4	5.2	5.2	14.2	7.4	2.2	12.1	15.3	3.0	28.5	6.3	9.6	6.6	4.1	1.4	4.1
男性非組合員	8.4	40.2	40.2	4.6	3.8	10.5	5.1	5.0	12.8	13.3	9.0	25.1	9.1	14.3	7.0	7.2	1.0	3.8
女性非組合員	4.5	35.1	38.9	5.5	3.2	12.1	9.1	5.8	11.5	11.8	6.4	23.5	5.8	10.0	5.6	6.0	2.2	3.6

出所）連合総研「2022年非正規雇用調査」より筆者作成。

(2) 女性の困難な就業環境

非正規雇用組合員の7割以上は女性である。女性のおかれた状況について尋ねたところ、その意識にはかなりのジェンダー格差が見られた。女性組合員の回答（「そう思う」）に焦点を当てると、「家事・育児・介護などの家族責任が大きい」がトップで8割を超え（女性81・9％、男性49・6％、以下同様）、女性の回答が男性を30％上回った。次いで2位「ハラスメントの被害を受けやすい」（62・2％、38・2％）、3位「貧困になりやすい」（58・1％、22・9％）、4位「仕事を続けにくい」（57・8％、26・7％）、5位「正社員で再就職しにくい」（57・3％、26・7％）、6位「収入が低い」（55・3％、21・4％）を半数以上の女性組合員が肯定したが、男性組合員の認識はそれほど高くない。

本調査が調べた「家事分担率」によれば、女性組合員の家庭での家事労働の分担状況は、平均で本人69・0％、配偶者10・0％、子ども2・8％、親・その他18・2％であった。女性非組合員の家庭でも大差はない。女性組合員に、家事・育児・介護負担が現在の非正規雇用という働き方に影響しているかを聞くと、53・4％の人が「影響している」と答えている。

5　暮らし向きはどうか

(1) 賃金年収と主たる生計維持者

組合員の暮らし向きをみるに当たり、まず組合員自身の過去1年間の賃金年収（税込み）を確認したい。男性組合員の年収分布のピークは「200〜300万円未満」（33・0%）で、約7割が「300万円未満」である（**図表2-2**）。女性組合員の年収分布はさらに下位に偏る。「100〜200万円未満」が44・3%と最も多く、「300万円未満」は9割にのぼる。組合員の年収状況を全国の「非正規の職員・従業員」の年収分布[4]と比較すると、組合員の「100万円未満」の比率は全国平均よりかなり低いが、「300万円未満」でみると全国平均（男性76・3%、女性94・3%）よりやや少ない程度である。非組合員は男女とも全国平均並みである。

賃金収入が世帯収入に占める程度を聞いたところ、男性組合員では「世帯収入の〈すべて+大部分+半分以上〉」を合わせた「主たる生計維持者」の割合は57・2%にのぼり、低賃金ながら約6割は生計の担い手である。女性組合員の主たる生計維持者は31・5%に下がり、特に女性非組合員では2割を切っている。この背景には女性組合員の7割弱、女性非組合員の8割余の世帯で配偶者の収入があり、いずれも配偶者の75%余りが正社員・会社役員である。男性組合員でも親（52・2％）や配偶者（31・9％）の収入があるが、親の4割弱、配偶者の8割余は非正規雇用労働者である。男性組合員は非正規の本人と非正規の親または配偶者から成る非正規多就業世帯が多いことがうかがえる。

次いで組合員世帯の過去1年間の世帯年収（税込み）をみると、上記の事情と関わって女性組合員世帯は「500万円未満」が65・6％に止まるが、男性組合員世帯では83・0％に増加する。男女非組合員世帯も含めてみると男性組合員世帯の年収が最も低い傾向にあることがわかる。

非正規雇用組合員の2～3割の世帯には預貯金などの蓄えは「ない」。あったとしても男性組合員の34・3％、女性組合員の30・9％が賃金年収にも届かない「200万円未満」である（そもそも回答者の5割余が蓄えの有無・額について「わからない・答えたくない」と回答を拒んだ）。

⑵「赤字」世帯が3分の1を超える

組合員世帯の過去1年間の家計収支は、3分の1以上が「赤字」である（男性組合員33・6％、女性組合員37・0％）。黒字世帯は男性でわずか10・7％、女性で16・2％しかない（3分の1前後が「わからない・答えたくない」と回答）。公的給付や制度の利用も「医療機関にかかるための制度」、「児童扶養手当」がそれぞれ7～9％台にとどまり、男女組合員とも暮らし向きは厳しい。

こうしたなかで組合員世帯はなんとか家計をやりくりしている。「衣服や靴の購入を控え」（女性49・3％、男性30・5％）、「食費や外食回数を減らした」（同42・2％、38・9％）、「趣味やレジャーの出費を減らした」（同34・5％、23・7％）世帯も少なくない。この結果であろうか、生活に「満足」している組合員は「やや満足」を含めても男女とも4割にとどまり、25％弱は「不満」に思っている。この傾向は非組合員世帯も変わらず、非正規雇用労働者の生活への満足感は共通して低い。

6　非正規雇用組合員の労働組合アイデンティティ

賃金・労働条件や生活の現状を改善していくうえで労働組合は非正規雇用組合員にとって直近の集団であるが、彼女・彼らは「労働組合」をどのように認識しているのだろうか。

◆組合活動を知らない組合員は3割　組合活動を知る主な方法（複数回答）は「組合配布物」（男女組合員計47・0％、以下同様）と「組合の掲示物」（28・2％）である。「組合役員」や「職場の上司・同僚」（8〜15％）から聞く人は少ない。「活動を知ることはない」人が28・6％にのぼる。

◆組合員の85％は組合活動に参加していない　会議やイベントなど組合の活動に「まったく参加しない」（62・4％）、「めったに参加しない」（22・2％）男女組合員は85％にのぼる。

◆労働組合に加入のメリットは極めて低い　労働組合にとって57％の組合員が「特に加入のメリットを感じることはない」という厳しい現実がある。メリットとして「福利厚生施設が利用できた」、「困った時に相談できる人がいる」などがみられたが、12～13％に止まった。

◆困った時に組合に相談する人は少ない

職場で「問題」が起きた場合の相談先を聞いてみた（複数回答）。「労働組合の相談窓口」と答えた比率をあげると、「a　残業代の未払い」26・2％、「b　加入資格があるのに社会保険に加入できない」24・0％、「c　職場でハラスメントにあった」23・8％であった。「d　急な雇用の打ち切り（離職）、e　希望通りに有給休暇が取れない、f　仕事や職場で健康や安全に不安」では17～18％とさらに低い。相談先のトップは「職場の上司」や「家族」である。組合員の意識のなかで労働問題と労働組合は結びついているのか、問い直す必要がある。

◆「このまま加入していたい」人は4割

今後も労働組合に「継続加入」の意思がある組合員は42・6％である。「できればやめたい」人は11・4％と少ないが、「どちらともいえない33・6％・わからない12・4％」という意思が不明確な退会希望予備軍が半数近くいることは看過できない。

◆労働組合を「やめたい」理由は組合費

組合を「やめたい」理由のトップは「組合費を負担する余裕がないから」で約3割の人があげている。次いで「組合費が適正に使われているか不明」（2割強）が続く。低賃金・低収入で食費も減らしている組合員にとっては組合費も無視できない。連合総研「第20回労働組合費に関する調査報告」（2021年11月実施）によれば、短時間就労組合員の月額組合費は、徴収基準が「正規雇用の組合員と同一基準」では2016

円、「別基準による減額措置」では１４５３円である。非正規雇用組合員数を維持し増やすうえで組合費の負担軽減は必須である。

◆「労働組合」のイメージは組合員と非組合員で異なる

組合員のイメージの上位３つは、「労働条件の改善・向上に欠かせない」（25・８％）、「働いている人の味方」（25・０％）、「頼りないとは思うが一応必要」（20・６％）である。非組合員も「働いている人の味方」（26・３％）をイメージ共有するが、続くは「どんな活動をしているかわかりづらい」（24・１％）、「身近に感じられない」（21・１％）である。組合員でマイナスイメージが上位に並ばないことが期待を持たせるが、「特にあてはまるイメージはない」と3割の組合員が回答したことを付言したい。

【コラム】敷島製パン労働組合のユニークな組合費

インタビューを行った敷島製パン労働組合では、正規従業員の労働組合費は全組合員の賃金総額（賞与を除く）の１％を頭数で割って負担額を算出する。他方、非正規雇用のパートナーは各月の給料の１％を支払っている。ただし上限は１０００円に設定され、軽減措置が行き届いている。

敷島製パン労働組合のインタビューの内容は連合総研「インタビュー概要」を参照されたい。

7　労働組合への期待と役割

非正規雇用組合員の労働組合アイデンティティの現況は決して問題ないとはいえないが、それに反して組合員の労働組合への期待は大きい。**図表2-4**は、組合員および非組合員の男女が、労働組合が非正規雇用労働者のために「取り組むべきだ」と考える課題である。その第1は「賃金・ボーナスの改善」でおよそ75％が選択し突出している。続いて「退職金の支給」、「労働時間・休日・休暇の改善・充実」、「雇用の維持」を30～40％以上の人が求めている。これら以外に女性の要求で目立つのは「福利厚生の充実」、「育児休業・介護休業・看護休暇制度の充実」、「セクハラなどハラスメント対策」である。

「正社員・無期契約社員への転換」を2割以上の男女があげているが、本調査によれば、女性組合員の67・2％、女性非組合員の54・4％が希望するのは「無期契約への転換」である。理由は「安定して働きたい」（84～88％）ことにある。もちろん、賃金・労働条件が非正規雇用のままで良いわけはない。非正規雇用労働者の7割が女性である実態に鑑みて、労働組合は女性のおかれた状況にセンシティブな対応が求められる。そして、労働組合は非正規雇用労働者の期待をしっかり受け止め、「諸課題」を実現する運動を男女組合員を巻き込んで速やかに推進する役割がある。

図表2-4　非正規雇用労働者のために労働組合が取り組むべき課題―非正規雇用労働者の意見―

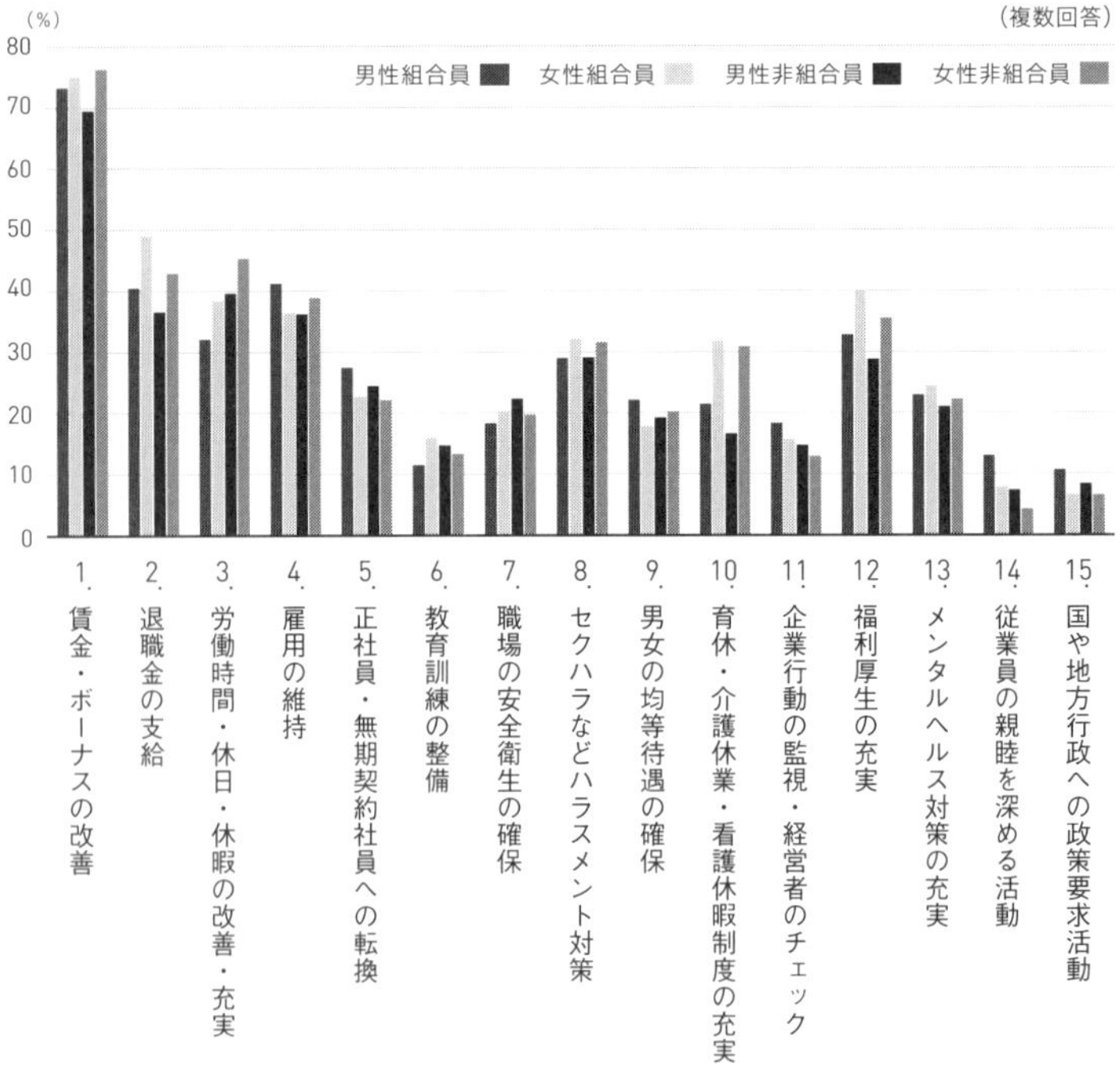

（複数回答、%）

選択肢	1.	2.	3.	4.	5.	6.	7.	8.	9.	10.	11.	12.	13.	14.	15.
男性組合員	73.3	40.5	32.1	41.2	27.5	11.5	18.3	29.0	22.1	21.4	18.3	32.8	22.9	13.0	10.7
女性組合員	75.1	49.0	38.4	36.4	22.7	15.9	20.3	32.1	17.8	31.8	15.6	40.0	24.4	7.9	6.6
男性非組合員	69.5	36.6	39.6	36.2	24.4	14.7	22.3	29.1	19.2	16.6	14.7	28.8	21.0	7.4	8.4
女性非組合員	76.3	42.9	45.3	38.9	22.1	13.3	19.7	31.6	20.2	30.9	12.9	35.5	22.2	4.3	6.6

出所）連合総研「2022年非正規雇用調査」より筆者作成。

注

1　厚生労働省「2022年労働組合基礎調査」によれば、雇用者数は6048万人、パートタイム労働者数は1653万人。

2　本調査の対象は20～64歳の非正規雇用労働者で、労働組合員（500人）と非労働組合員（2000人）である。図表2-2に示したように組合員のサンプル数は少ない。分析に当たっては集計データの一定の普遍性を確保するために単純集計結果を用いて行う。連合総研「2022年非正規雇用調査」の詳細については連合総研『2023年調査報告書』を参照されたい。

3　厚生労働省「2022年賃金構造基本統計調査」によれば男性短時間労働者（正社員・正職員以外、産業計・学歴計）の企業規模別「1時間当たり所定内給与額」は、大企業（1000人以上）1442円、中企業（100～999人）1933円、小企業（10～99人）1552円で、大企業が最も低い。

4　総務省統計局「2022年労働力調査（詳細集計）」で「非正規の職員・従業員」の年間収入分布をみると、男性は100万円未満30・1%、100～199万円25・5%、200～299万円20・7%である。女性もそれぞれ41・2%、38・2%、14・9%である。

第3章　非正規で雇用される労働者の働き方および意識の現在
――「同一労働同一賃金」ルールと無期転換制度を中心に――

緒方　桂子

はじめに

本章では、連合総研「2022年非正規雇用調査」をもとに、「同一労働同一賃金」ルールおよび無期転換制度をめぐる非正規雇用労働者の働き方や意識に関する分析を行う。

連合総研では、2014年10月、15年10月の2回にわたり、「非正規労働者の働き方・意識に関する実態調査」を行い、非正規で雇用される労働者の生活実態や意識を明らかにしてきた。「2022年非正規雇用調査」はこれらの調査に続くものとなる。

連合総研「2015年非正規雇用調査」から「2022年非正規雇用調査」まで約7年が経過した。この間に非正規雇用労働をめぐるいくつか大きな出来事があった。列挙してみよう。

①18年4月1日以降、13年4月1日からカウントが開始されたいわゆる「5年ルール」（労働

契約法18条）による無期転換者が生じた、②18年6月、労働契約法20条に基づく初めての最高裁判決が出された、③18年、16年から集中的に取り組まれた安倍政権「働き方改革」に基づく一連の法整備が行われ、「雇用形態に関わらない公正な待遇の確保」（いわゆる「同一労働同一賃金」ルール）が20年4月1日［中小企業は21年4月］より施行された、④20年10月、再び、労働契約法20条に関する複数の最高裁判決が出され、賞与および退職金について有期契約労働者に厳しい判断が下される一方で、休暇等に関する処遇について正社員との均等待遇を求める内容の判決が下された。

⑤20年1月に日本で最初のコロナ患者が見つかってから、23年5月以降コロナが感染症法上の「5類感染症」に分類変更されるまで、長期間コロナは社会に強い影響を与えた[1]。特に飲食業や宿泊業への打撃は深刻であった。これらの業種には、多くの労働者が非正規雇用の形態で就労しており、特に女性が多い。

本章ではこれらの社会的あるいは法的な変化が、「同一労働同一賃金」ルールおよび労働契約法18条に基づく無期転換をめぐる実態と労働者の意識に影響を及ぼしたか、及ぼしたとすればどのような影響であったかを連合総研「２０１５年非正規雇用調査」およびその他の調査等との比較を通じて分析、検討する[2]。

1 非正規雇用の現状

まず、日本における非正規雇用の状況を総務省統計局「２０２２年労働力調査（詳細集計）」から確認しておこう。

２０２２年の労働力人口６９１１万人（男性３８０３万人、女性３１０８万人）のうち、役員を除く雇用者数は５６８９万人（男性３００８万人、女性２６８１万人）となっている。そのうち正規雇用労働者数は３５８８万人（男性２３３９万人、女性１２４９万人）であり、非正規雇用労働者数は２１０１万人（男性６６９万人、女性１４３２万人）である。正規雇用・非正規雇用には性別による偏りがあり、正規雇用に占める男性の割合は65・２％と高く、女性の割合は34・８％である。逆に、非正規雇用に占める女性の割合は68・２％と高く、男性の割合は31・８％である。役員を除く雇用者に占める非正規雇用労働者の割合は36・９％であり、12年以降の非正規雇用労働者の割合の推移は**図表３－１**の通りである。これをみると、最近10年間の非正規雇用労働者の割合は37％前後で推移していることがわかる。

雇用形態別に見た場合、パート・アルバイトは１４７４万人（男性３４９万人、女性１１２６万人）、派遣労働者１４９万人（男性59万人、女性90万人）、契約社員２８３万人（男性１５０万人、女性１３３万人）、嘱託１１２万人（男性71万人、女性41万人）、その他83万人（男性40万人、女性43

図表3-1　年齢階級別非正規の職員・従業員の割合の推移

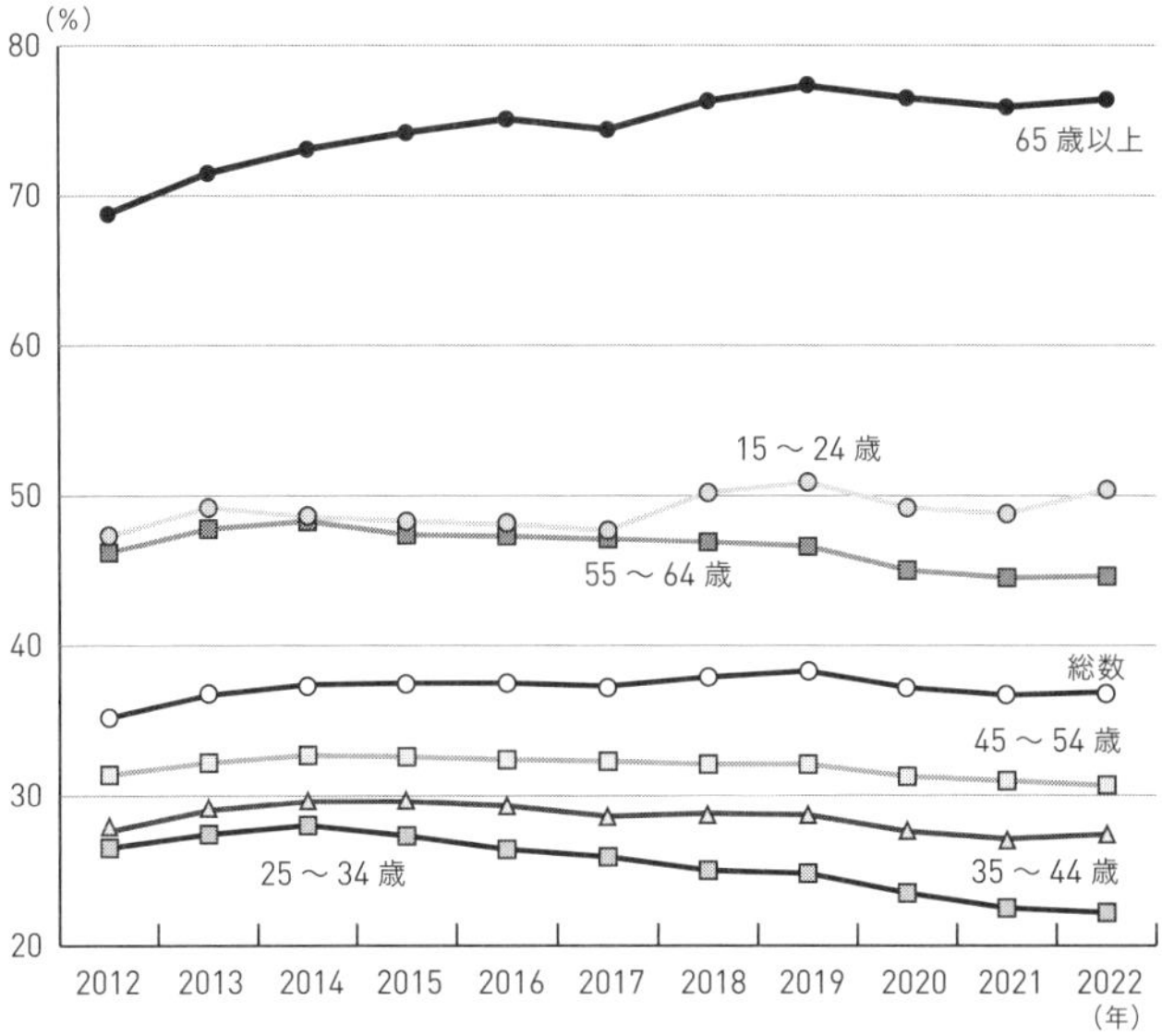

注）割合は、年齢階級別「正規の職員・従業員」と「非正規の職員・従業員」の合計に占める割合を示す。
出所）総務省統計局「2022年労働力調査（詳細統計）」。

万人）となっている。非正規雇用労働者に占める各雇用形態の割合は、パート・アルバイト70・2％、派遣労働者7・1％、契約社員13・4％、嘱託5・3％、その他4％であり、パート・アルバイトの割合が圧倒的に高い。

先に指摘したように正規・非正規雇用間でも性別による偏りが大きいが、非正規雇用のうちでも性別による雇用形態の違いが顕著である。すなわち、パート・アルバイトでは女性が圧倒的に多く76・4％を占める。派遣労働者についても女性が多く6割を占める。他方、契約社員については、その53％が男性である。また、一般に、正規雇用労働者が定年退職後の継続雇用として就くことの多い嘱託についても、

63・3％が男性である。

非正規雇用労働者の割合を年齢階級別に見た場合、65歳以上が圧倒的多数を占め、22年では76・4％となっている。次いで高い割合を示すのが15〜24歳の年齢層であり、22年は50・4％を占める。一方、もっとも割合が低いのは25〜34歳の層であり、14年の28％をピークに漸次減少しており、22年は22・2％となっている（**図表3－1**）。

2 賃金の実態と「同一労働同一賃金」ルール――変わったものと変わらなかったもの

(1) 賃金の実態

連合総研「2022年非正規雇用調査」によれば、過去1年間の税込み賃金収入200万円未満の者の占める割合は69・9％である。[3] 総務省統計局「2022年労働力調査（詳細集計）」でも非正規雇用労働者における年収200万円未満の者の占める割合は70・3％となっている。国税庁「2021年分民間給与実態統計調査―調査結果報告―」によれば、1年を通じて勤務した給与所得者の1人当たりの平均給与は443万円（男性545万円、女性302万円）である。雇用形態・性別で見た場合の平均は、男性正規労働者570万円、女性正規労働者389万円、正規雇用以外の男性269万円、同女性162万円である。これらの結果からみても、非正規雇用労働者の賃金は顕著に低い。

(2)「同一労働同一賃金」ルールをめぐる実態と意識

①日本型「同一労働同一賃金」ルール

1で確認したように、非正規雇用労働者の7割がパート・アルバイトの雇用形態で就業しており、実際に連合総研「2022年非正規雇用調査」でも1週間当たりの実労働時間が30時間未満の者が53・5%を占める。[4] このことを勘案すると、非正規雇用労働者の年収額が低く現れるのは、ある意味自然である。

しかし、労働時間の差に即した比例的な賃金額の相違を超え、合理的に説明のつかない格差があるとすれば、それは法的に是正すべき対象となる。

2012（平成24）年に制定された労働契約法20条は、同一の使用者の下で働く有期契約労働者と無期契約労働者との間で期間の定めがあることを理由に労働条件を不合理に相違させることを禁止するルールであり、13年4月1日から施行された。

労働契約法20条制定の影響は大きく、有期契約労働者らは同条を手がかりに各地で訴訟を提起し、18年および20年には最高裁判決も出された。これまでのところ、裁判所は、諸手当や休日（有給）等については正規雇用労働者と同等の待遇を求める一方で、賞与や退職金についてはかなり広範に会社の裁量を認める傾向を示している。

16年1月、通常国会での施政方針演説において、安倍晋三首相［当時］は「同一労働同一賃金」の実現に踏み込む考えを示した。[5] これ以降マスコミは「同一労働同一賃金」を喧伝するようになったが、実際のところ、その後に実行された「働き方改革」に伴う法改正は、労働契約法20条とパートタイム労働法8条を結合させて若干の文言修正を加え、労働契約法20条を削除するとともに、法律名を「パートタイム労働法」から「パート有期労働法」に変更するという微温的なものであった。

このような事情に照らすと、現時点での日本における「同一労働同一賃金」ルールとは、同ルールの字面から想定される「同一の労働」に対して「同一額の賃金支払い」を義務づけるといったものではなく、正規雇用労働者と非正規雇用労働者間の不合理な労働条件の格差を禁止するルールを指すといえる。

②「同一労働同一賃金」ルールの認知と変化

連合総研「2022年非正規雇用調査」によれば、「同一労働同一賃金」ルールについて知っている者の割合は31・4%と必ずしも多くはない。また同ルールを知った方法（複数選択）では「新聞やテレビなどの報道で知った」が61・2%と多数を占め、「会社から説明を受けた」（16・4%）あるいは「労働組合から説明を受けた」（7・1%）は相対的に低い。

次に、法改正や同ルールによる労働条件への影響（複数選択）についてみると、「特に変化はない」

図表3-2　法改正または「同一労働同一賃金」のルールによって、労働条件が改善されたもの（複数選択）

（総計 2500）

		＊改善された計	基本給が上がった	ボーナスが支給されるようになった	病気休職が有給で保障された	通勤手当の支給・支給額が上がった	年末年始などに特別手当がついた	退職金が支給されるようになった	教育訓練の機会が増えた	労働条件について説明が行われたた	その他	特に変化はない	勤め先が変わったため比較できない	無回答	件数	回答累計
総計		20.4	12.3	3.0	2.2	3.1	1.9	0.7	1.2	1.7	1.8	59.7	19.9	・・・	2500	107.6
就業形態別	無期転換後の労働者	23.8	4.8	4.8	4.8	4.8	・・・	4.8	・・・	・・・	4.8	66.7	9.5	・・・	21	104.8
	パートタイマー・アルバイト	20.2	13.1	3.0	2.1	2.4	1.8	0.5	0.9	1.3	1.7	60.2	19.6	・・・	1837	106.5
	契約社員・準社員	19.8	10.8	3.8	2.8	3.3	2.5	0.8	1.5	3.0	1.8	65.4	14.8	・・・	399	110.3
	派遣労働者	24.4	11.7	2.0	0.5	9.6	1.0	2.5	2.5	3.0	2.5	39.1	36.5	・・・	197	111.2
	嘱託社員	13.0	2.2	2.2	4.3	2.2	6.5	・・・	4.3	4.3	2.2	76.1	10.9	・・・	46	115.2
組合	組合員	29.0	18.2	5.8	3.2	4.2	4.0	1.2	1.8	2.2	2.0	57.4	13.6	・・・	500	113.6
	非組合員	18.2	10.9	2.4	1.9	2.9	1.4	0.6	1.0	1.6	1.8	60.3	21.5	・・・	2000	106.2

出所）連合総研『2023年調査報告書』51頁。

が59・7％を占める。他方、法改正等により何らかの改善があった割合は2割程度にとどまる。

改善されたものでは、「基本給が上がった」（12・3％）の比率がもっとも高く、次いで、「ボーナスが支給されるようになった」（3％）、「通勤手当の支給・支給額が上がった」（3・1％）となっている（**図表3-2**）。

2012年労働契約法改正から現在に至るまで、「同一労働同一賃金」ルールを主要な柱の1つとする「働き方改革」が実行され、複数の最高裁判決が出ているにもかかわらず、何らかの改善が認められる割合は低く、またその程度もわずかである。現時点ではあまりに残念な結果である。

③待遇改善の要望

連合総研「2022年非正規雇用調査」によれば、仕事の不満や不安のトップは「ボーナスがない・少ない」（40・7％）、「賃金が低い」（36・7％）、「仕事の経験を積んでも賃金が増えない」（25・3％）である（複数選択）。[6] また、労働組合が取り組むべき待遇改善のトップは「賃金・ボーナスの改善」（74・6％）であり、次いで「退職金の支給」（42・5％）、「労働時間・休日・休暇の改善・充実」（42・3％）となっている（複数選択）。[7]

連合総研「2015年非正規雇用調査」では、「正社員と取扱いが異なっていて、同じ処遇にして欲しい」制度について尋ねているが、トップは「とくにない」（36・5％）であった。次いで「一時金・賞与」（34％）、「昇進・昇格」（24・4％）、「退職金」（21・7％）となっている（複数選択）。[8]

まず、これらの結果において何よりも注目すべきなのは、項目が何であれ、不満や改善への要求が明らかに強くなっている点である。連合総研「2015年非正規雇用調査」時でも、回答者は正規雇用労働者との間に労働条件の格差があることは意識していた。[9] しかしそれでも、同じ処遇にして欲しいものは「とくにない」との回答が高い割合を占めていた。連合総研「2022年非正規雇用調査」ではこの点が明らかに異なっている。2013年から施行されている「同一労働同一賃金」ルールがより社会に浸透し身近になってきたために、非正規雇用労働者が自らの不満や要望を自覚しそれを表明するようになったと推測したとしてもあながち間違いではないだろう。

項目別では、賞与、基本給、退職金、休日に関する待遇改善の要求が高いことがうかがわれる。連合総研「2022年非正規雇用調査」ではいくつかの労働組合にインタビュー調査を行った。[10] 要求額に対し思うような妥結額が得られないといったことや他の雇用形態とのバランスに苦慮するといった悩みを抱えつつ、いずれの組合も、非正規雇用労働者の要望を汲みとり、基本給・一時金の引き上げ、諸手当の支給等の問題に積極的に取り組んでいることが明らかになった。連合総研「2022年非正規雇用調査」の回答をみるとまだ十分な改善には至っていないが、ひきつづき非正規雇用労働者の自覚的な不満が要求事項として具体化され、労働組合等を通じた使用者との交渉が行われるならば状況は改善していくだろうし、社会に根を張った「同一労働同一賃金」ルールが実現する基盤が整うように思う。

3 無期転換「5年ルール」の現状と課題——増える転換希望者、減らない非希望者

(1) 無期契約への転換の希望

「同一労働同一賃金」ルールと同時に新設された、有期契約労働者の無期契約への転換の権利

（無期転換権）[11]は、同一の使用者の下で有期労働契約を更新し通算5年を超えて就労した場合に付与される権利である。俗に、「5年ルール」と呼ばれることも多い。有期契約労働者の不安定な雇用を改善するために設けられた。

連合総研「2022年非正規雇用調査」によれば、回答者のうち有期雇用契約で就労する者の無期雇用への転換希望をみると「希望する」が53・7％となっている。性別で違いがあり、女性は57・2％と6割近くを占め、男性（45・5％）を12ポイントも上回っている。男性のなかでは30代の「希望する」割合が高く、56・6％となっているが、女性はいずれの年齢層も「希望する」が過半数を占める。[12]

連合総研「2015年非正規雇用調査」でも無期転換の希望を尋ねている。全体では、「わからない」と回答した者の割合がもっとも高く46・8％、次いで、希望する者が35・8％、希望しない者が17・4％となっている。[13]

連合総研「2022年非正規雇用調査」と「2015年非正規雇用調査」は同じ条件での調査ではないので単純に比較することはできない。しかし少なくとも、無期転換希望が拡大傾向にあることはうかがわれる。その理由としては大きく次の2つが考えられる。1つは5年ルールについて広く認知されるようになったことである。2018年4月以降、実際に身近に無期転換者が生じたといった事情が大きいと思われる。

もう1つの理由としては、コロナ禍の経験を通じて「安定雇用」志向が高まったことを指摘することができる。2021年に発表された連合「コロナ禍における非正規雇用で働く人の実態と意識に関する調査2021」（2021年6月17日公表）[14]ではコロナ禍前後において「優先したい労働条件等」に変化があるかが問われているが、「安定した雇用」の項目がコロナ禍前に比べ6・2ポイント上昇している。連合総研「2022年非正規雇用調査」は、同調査のさらに約1年半後に行われたが、まだコロナ禍が続いており状況はむしろ悪化していた。このような事態に直面し、より一層、安定雇用志向が高まったとしても不思議ではない。

(2)「無期契約への転換を希望しない理由」——自由時間の喪失と性別役割分業

ところで連合総研「2022年非正規雇用調査」では、無期転換を希望しない者が約半数の割合を占める。無期転換をすることで雇用の安定度が増すことは確かであるから、それをなぜあえて忌避するのかを明らかにすることは重要である。

希望しない理由を男女別に見た場合、「あてはまるものはない」を除くと、男性は「今の働き方に不満はない」（28・3％）がトップで、「責任が重くなる」（27・3％）、「労働時間・労働日を選んで働きたい」（22％）、「賃金があがらない」（18・5％）となっている。女性は「責任が重くなる」（33％）、「今の働き方に不満はない」（28・7％）、「労働時間・労働日を選んで働きたい」（25・6％）、「家事や育児・介護の時間が必要」（22％）、「賃金があがらない」（18・3％）となっている（複数選択）（**図表3-3**）。

図表3-3　無期契約への転換を希望しない理由（無機契約への転換を希望しない方・複数選択）

（統計 2500）

		賃金があがらない	責任が重くなる	残業が多くなる	家事や育児・介護の時間が必要	就業調整をしたい	通勤時間が長くなるのが嫌	労働時間・労働日を選んで働きたい	転勤がある	制度あっても働き方を変えられない	今の働き方に不満はない	あてはまるものはない	無回答	件数	回答累計
総計		18.6	31.0	14.4	15.8	13.1	8.9	24.5	6.6	11.9	28.4	20.9	・・・	564	194.0
性別	男性計	18.5	27.3	13.2	4.9	10.2	9.8	22.0	7.8	14.6	28.3	27.8	・・・	205	184.4
	女性計	18.3	33.0	14.6	22.0	14.6	8.2	25.6	5.9	10.4	28.7	16.9	・・・	355	198.3

出所）連合総研『2023年調査報告書』54頁。

この結果から以下のことが指摘できる。第1に、現在の働き方に不満のない非正規雇用労働者が男女ともに3割弱いることである。これは「正社員への転換希望」を尋ねた項目で回答者の43%が消極的であることとも平仄があう。連合総研「2015年非正規雇用調査」では少なくとも男性非正規雇用労働者の約半数が正社員として働くことを希望していたことと好対照である。

たしかに、非正規雇用で働く理由について尋ねた総務省統計局「2022年労働力調査」によれば、「正規の職員・従業員の仕事がないから」と回答した割合は顕著に減少している（**図表3-4**）。これらの結果から、いわゆる「不本意非正規」は減少する傾向にあるようにも思える。

もっとも、初職（学校卒業または中退後

図表3-4　正規の職員・従業員の仕事がないから

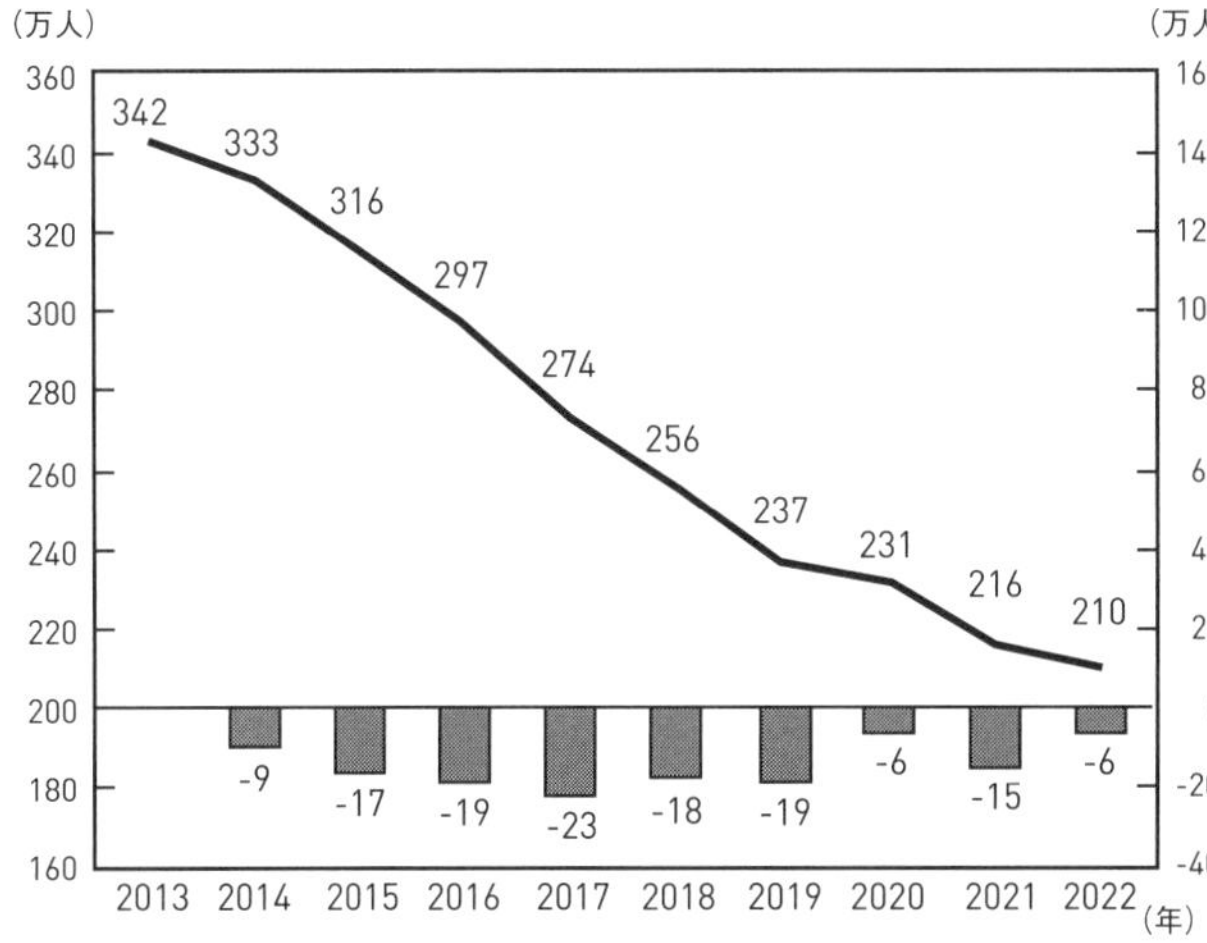

出所）総務省統計局「2022年労働力調査（詳細集計）」。

に就いた仕事）の状況をみると、初職が「正社員・会社役員」であった者は、連合総研「２０２２年非正規雇用調査」では、男性非正規雇用労働者29歳以下で20・7％、30歳代で36・4％となっている。[16]同じ質問に対する連合総研「２０１５年非正規雇用調査」での回答はそれぞれ39・1％、46・1％であったから、[17]初職が非正規雇用である若者は増えている。自らの人生を展望するときに、不安定な雇用のままで良いと思う若者が多いとは考えにくい。また、「２０２２年非正規雇用調査」の回答者は男性の４分の１以上が60歳以上であり、女性では配偶者がいる割合が64・4％でかつ配偶者の雇用形態が「正社員・会社役員」である割合が8割近くを占める。[18]こういった事情を考慮すると不本意非正規が減少したと短絡的に捉えるのは適切ではないだろう。

とはいえ、第2に、男女ともに自由時間が失われることへの懸念、仕事の責任が重くなることを忌避する傾向が見られることもたしかである。私生活重視志向を持つ労働者が非正規雇用を選択しているともいえる。これは逆にいえば、正規雇用では私生活に支障が生じると認識されていることのあかしでもある。そうであれば正規雇用におけるワークライフバランス（仕事と私生活との調和）の実現が、非正規雇用労働者にとって雇用の安定を志向するインセンティブになるということができるだろう。

第3に、家族ケアを理由に無期転換を希望しない者がおり、男女間でその割合に大きなひらきがあることである。家事・育児・介護負担に関する質問でも、配偶者のいる女性労働者の78・2%が本人負担と回答している[19]。日本社会における性別役割分業の根深さとともに、正規雇用では家族ケアとの両立が困難である現実を見せつけられる思いがする。正規雇用と家族ケアとの両立は正規雇用労働者のみならず、非正規雇用労働者の雇用の安定性の確保という点からも重要な課題である。

第4に、「賃金があがらない」とする理由についてである。実際のところ無期転換した場合に労働条件が非正規雇用で雇われていた時のものが維持されることは少なくない。雇用が安定したとしても、仕事の責任が重くなり、時間的拘束の度合いも高くなる一方で、賃金等労働条件に変化がないとしたら無期転換へのインセンティブが低くなることは当然だろう。

今のところ、この問題を解決する有効な法規定はない。この問題を解決するには、雇用形態、性別などにとどまらない、すべての労働者に適用される同一労働同一賃金原則を日本の法制度のなかに確立することが必要である。もっとも、法制度の成立を待つ必要はない。労働組合がその取組みを通じて、働く現場のなかに「同一労働同一賃金」ルールを実現することはいまでも十分に可能である。

注

1 緊急事態宣言およびまん延防止等重点措置発出の有無およびその期間は都道府県ごとに違いがあるが、全国的にみると、緊急事態宣言は２０２０年４月７日～同年５月25日（１回目）、21年１月８日～同年３月21日（２回目）、21年４月25日～同年６月20日（３回目）、21年７月12日～同年９月30日（４回目）、まん延防止等重点措置は21年４月５日～同年９月30日（１回目）、22年１月９日～同年３月21日（２回目）となる。

2 連合総研「２０２２年非正規雇用調査」と「２０１５年非正規雇用調査」では回答の年齢・性別構成等に関して違いがある。「２０１５年非正規雇用調査」は総務省統計局「２０１２年就業構造基本調査」をもとに年齢は20～49歳までの性・年齢階層別の分布割合を反映したサンプル割付基準に基づいている。「２０２２年非正規雇用調査」は総務省統計局「２０１７年就業構造基本調査」における20～64歳までの性・年齢階層の分布割合（組合員）あるいは年齢・年齢階層・配偶者の有無別の分布割合（非組合員）を反映したサンプル割当基準に基づいている。

3 連合総研『２０２３年調査報告書』14頁。

4 連合総研『２０２３年調査報告書』27頁。

5 自民党ホームページ「第１９０回国会における安倍内閣総理大臣の施政方針演説」（平成28年１月28日付）（https://www.jimin.jp/news/policy/131251.html：最終確認日２０２３年11月13日）。
6 連合総研『２０２３年調査報告書』29頁。
7 連合総研『２０２３年調査報告書』65頁。
8 連合総研『２０１６年調査報告書』29頁。
9 連合総研『２０１６年調査報告書』29頁。
10 連合総研「インタビュー概要」参照。
11 正確には「申出権」であるが、制度の仕組みを考慮すると「転換権」と称する方が実態に合う。
12 連合総研『２０２３年調査報告書』52頁。
13 連合総研『２０１６年調査報告書』28頁。
14 連合「コロナ禍における非正規雇用で働く人の実態と意識に関する調査２０２１」（https://www.jtuc-rengo.or.jp/info/chousa/data/20210617.pdf?24：最終確認日２０２３年11月13日）。
15 連合総研『２０１６年調査報告書』26頁。
16 連合総研『２０２３年調査報告書』15頁。
17 連合総研『２０１６年調査報告書』24頁。
18 連合総研『２０２３年調査報告書』10頁。
19 連合総研『２０２３年調査報告書』84頁。

第Ⅱ部

非正規雇用労働とジェンダー

第4章　非正規〈女性稼ぎ主〉世帯の仕事と暮らし

森　ます美

はじめに

「男性稼ぎ主世帯」という用語は日本の雇用者家族における性別役割分業を象徴する言葉として広く知られている。家族の生活に必要な賃金収入を稼ぐ夫は「世帯主」と呼ばれ、昭和・平成初期までは「正社員男性世帯主世帯」が大多数を占めていた。２０００年代以降、離婚の増加や未婚率の上昇、共働き世帯の急増の中で、女性の単身世帯や女性が生計費を稼ぐ「女性稼ぎ主世帯」が増加している。家族・世帯の変化を捉えた内閣府男女共同参画局『２０２２年版男女共同参画白書』は、「もはや昭和ではない」と述べ、性別役割分業家族をモデルとした税制・社会保障制度・企業の制度・慣行等の改革を促している。

今日、大きく異なるのは、現在の女性稼ぎ主は、これまでの男性稼ぎ主のように必ずしも正社員ではないことである。総務省統計局「２０２２年就業構造基本調査」によれば、非正規雇用の

図表4-1　男性・女性世帯主世帯数と世帯所得

（全国　有業者：仕事が主な者）　（人、%）

世帯所得	男性世帯主		女性世帯主		一般世帯		単身世帯（未婚、死別・離別）	
総　数	28,282,700	100.0	6,656,600	100.0	2,343,400	100.0	4,025,100	100.0
300万円未満	3,526,700	12.5	2,790,600	41.9	688,600	29.4	1,954,900	48.6
300～499万円	6,375,000	22.5	2,060,300	31.0	621,000	26.5	1,371,400	34.1
500万円以上	17,892,500	63.3	1,670,100	25.1	948,300	40.5	660,300	16.4

注1）世帯所得とは、世帯主、世帯主の配偶者及びその他の親族世帯員が通常得ている過去1年間の収入（税込み額）の合計をいう。
　2）世帯所得階層の合計が総数および100%に一致しないのは元統計値による。
出所）総務省統計局「2022年就業構造基本調査」より筆者作成。

女性世帯主世帯は308万世帯にのぼっている。
　本章では、私たちが行った連合総研「2022年非正規雇用調査」結果を用いて「非正規女性稼ぎ主世帯」の仕事と暮らしの実態に迫りたい。とりわけその過半を占める「非正規中高年シングル女性」にも注目してみたい。

1　女性世帯主世帯と中高年シングル就業女性

「女性／男性稼ぎ主世帯」という用語を用いた官庁統計は聞いたことがない。社会通念からそれに近いのが総務省統計局「2022年就業構造基本調査」が把握する「女性／男性世帯主世帯」だろう[1]。はじめに日本全体の女性稼ぎ主の状況をみてみよう（**図表4-1**）。2022年の「仕事が主な有業者」が世帯主である女性世帯主世帯はおよそ665万世帯である。他方、男性世帯主世帯は2828万世帯にのぼり、女性

図表4-2　非正規雇用の女性・男性世帯主の雇用形態　（人、%）

	総数	パート	アルバイト	派遣社員	契約社員	嘱託	その他
女性世帯主総数	3,079,300（100.0）	52.8	15.2	10.8	13.3	4.1	3.9
一般世帯	1,241,200（100.0）	64.6	8.8	8.6	11.4	4.0	2.7
単身世帯	1,838,100（100.0）	44.8	19.4	12.4	14.6	4.1	4.7
男性世帯主総数	4,636,100（100.0）	20.8	23.3	8.7	26.6	13.9	6.6

出所）総務省統計局「2022年就業構造基本調査」より筆者作成。

世帯主は全世帯の約2割である。女性世帯主世帯のうち6割にあたる402万世帯が「未婚、死別・離別」による一人暮らしのシングル女性である。年齢は15～39歳が46・9%、40～64歳が41・3%、65歳以上が11・8%で、中高年シングル女性が53・1%を占めている。

就業形態をみると、非正規雇用の女性世帯主は308万人にのぼり、女性世帯主の46・3%を占める。男性世帯主の非正規雇用比率（16・4%）のおよそ3倍にのぼる。雇用形態は、一般世帯ではパートが突出しているが、単身世帯（シングル女性）はパート、アルバイト、契約社員、派遣社員など多様である（**図表4-2**）。

世帯所得は、女性世帯主世帯の約4割は年収が300万円未満である。対照的に男性世帯主世帯では6割強が500万円以上であり、女性世帯主世帯の所得の低さが顕著である。特に「未婚、死別・離別」のシングル女性の年収は半数が300万円に満たない（**図表4-1**）。

2　非正規女性稼ぎ主世帯の仕事と暮らしの実情

本章のテーマである「非正規女性稼ぎ主世帯」は次のような世帯であ

る。連合総研「２０２２年非正規雇用調査」（男女回答者数２４７５人）では、非正規雇用労働者の「過去1年間の賃金年収額」を尋ね、自身の賃金収入が「世帯収入に占める程度」を聞いた。選択肢のうち「世帯収入のすべて」（女性回答者数２４４人）、「世帯収入の大部分」（同48人）、「世帯収入の半分以上」（同１１４人）を選択した女性の世帯を「非正規女性稼ぎ主世帯」と定義した。換言すれば、非正規雇用女性の賃金収入が世帯収入の半分以上を占めて、世帯の生計を担っている世帯（女性計４０６人、男性計３３６人）である。なかでも非正規雇用女性の賃金収入が「世帯収入のすべて」を占めて名実ともに女性稼ぎ主である世帯を「非正規女性〈完全〉稼ぎ主世帯」と呼んで注目したい。

(1) 非正規女性稼ぎ主のプロフィール

平均年齢は48・5歳で、20～30歳代が32・3%、40歳代～64歳までの中高年女性が67・7%を占める。有配偶者は3割にとどまり、7割の女性に配偶者はいない。特に非正規女性〈完全〉稼ぎ主は配偶者のいない人が9割にのぼる。生計を同一にしている家族では、単身世帯が4割を超え（43・3%）、「配偶者」と同居する人は25%、同じく「子ども」23%、「親」19%となっている。子どもの「末子年齢」は、就学前は少なく、小・中・高校生と19歳以上が4分の3を占める。非正規女性〈完全〉稼ぎ主では単身世帯の比率が68・0%と高い。

⑵ 勤め先・仕事・賃金

勤め先の企業規模は、「1000人以上」が26・1%、「100〜999人」が22・2%で半数近くが中・大企業労働者であり、小企業（99人以下）は26・1%と少ない（企業規模が「わからない」25・6%）。雇用形態は、「パートタイマー・アルバイト」が66・3%、次いで「契約社員・準社員」が20・0%で、この2つに集中している。業種は、「卸売・小売業」が最も多く21・4%、続く「サービス業」（14・5%）、「医療・福祉」（13・8%）、「製造業」（10・6%）の4産業で6割を占めている。

平均勤続年数は7・6年で、10年以上の長期勤続者（30・7%）と勤続2年未満（26・5%）が含まれる。1週間の実労働時間は、「20時間以上40時間未満」が55・2%を占めるが、非正規雇用とはいえ「40時間以上」就業者も26・4%にのぼる。「2つ以上」の仕事に従事している人は11・8%と少ないが、非正規女性〈完全〉稼ぎ主ではその比率は13・9%と高くなっている。60〜64歳の非正規女性稼ぎ主で、「正社員として定年退職」した後に非正規で働いている人は27・9%と少なく、7割以上の女性は60歳以前から非正規就業であった。非正規男性稼ぎ主の7割以上が定年まで正社員であったのとは対照的である。

非正規女性稼ぎ主の「平均時給額」は1123円で、時給900円台と1000円台が44・1%を占める（非正規男性稼ぎ主の時給1353円、男女格差は83%）。一方、非正規女性〈完全〉稼ぎ主の時給はさらに低く1117円である。これらの時給額は、全国の「正社員・正社員以外」の女性労働者の平均時給額（一般労働者1251円、短時間労働者1247円）[2]より10％ほど低い水準である。

非正規女性稼ぎ主の67・0％は、勤め先で「正社員と同じ内容」の仕事をしている（難易度は「同程度」34・7％、「軽易な仕事」28・8％、「高度な仕事」3・4％）が、これらの女性の4割強が正社員と比較して「賃金水準は低くかなりの格差がある」と回答している。

⑶ 仕事への不満と女性の働く環境

現在の仕事全般に「満足」している非正規女性稼ぎ主は3分の1ほどで、3割弱が「不満」を抱いている。特に非正規女性〈完全〉稼ぎ主は13・5％が「かなり不満」と答え、非正規雇用の女性全体（7・5％）の2倍近くにのぼっている。

非正規女性稼ぎ主の仕事への不満・不安のトップ3はすべて賃金関係である。「ボーナス（賞与）がない・少ない」と「賃金が低い」が突出して高く（**図表4-3**）、次いで「仕事の経験を積んでも賃金が増えない」である。賃金以外でも「有給休暇が取りにくい、仕事がきつい、正社員になれない」等の不満を持ち、「職場の人間関係が悪い」という不安もみられる。

そして「女性がおかれている状況」について半数以上の非正規女性稼ぎ主が「そう思う」と回答したのが、「家事・育児・介護などの家族責任が大きい79・6％（非正規男性稼ぎ主の回答51・

図表4-3　非正規女性稼ぎ主の仕事への不満・不安

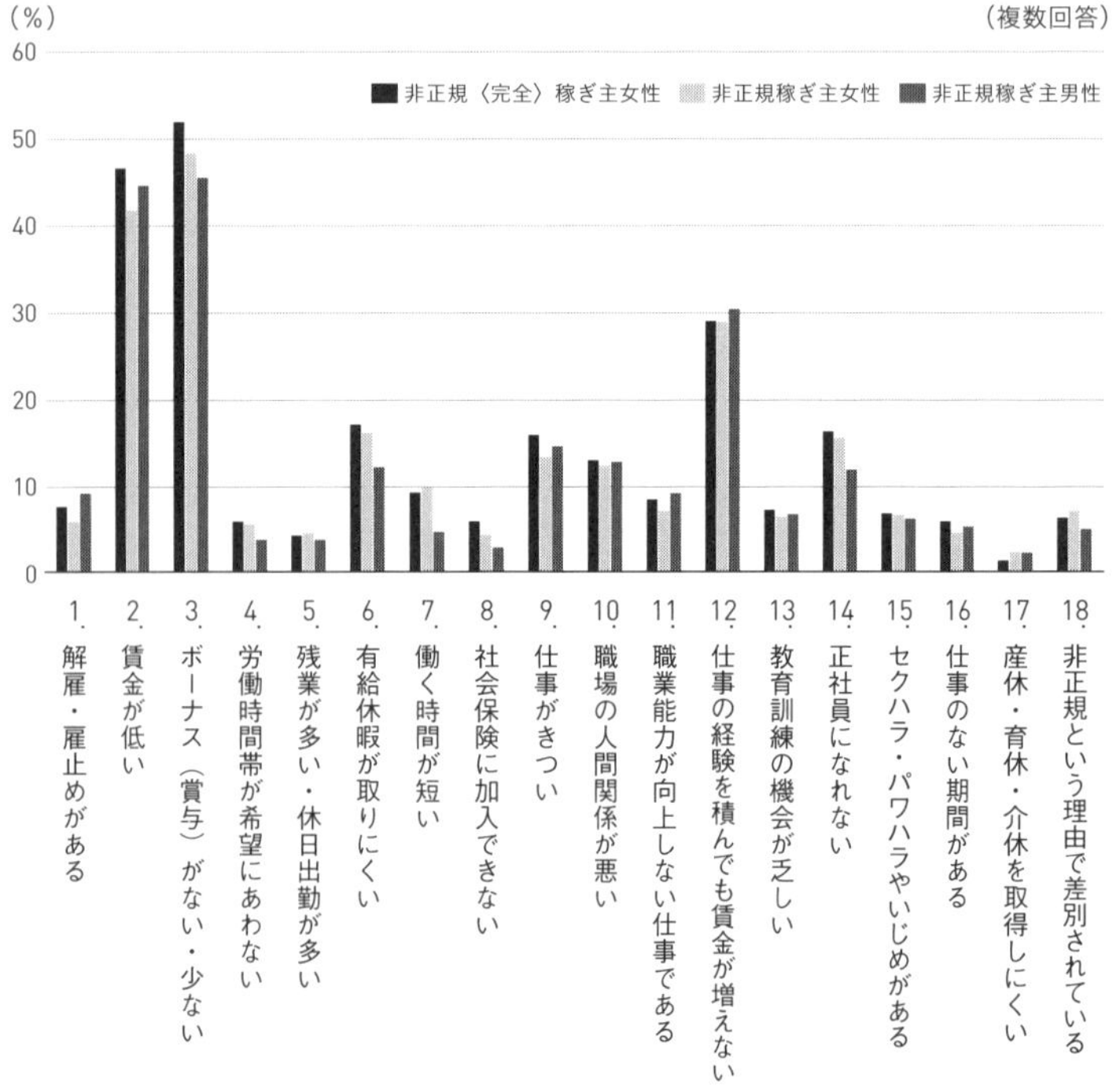

（複数回答、%）

選択肢	1.	2.	3.	4.	5.	6.	7.	8.	9.	10.	11.	12.	13.	14.	15.	16.	17.	18.
非正規〈完全〉稼ぎ主女性	7.4	46.3	51.6	5.7	4.1	16.8	9.0	5.7	15.6	12.7	8.2	28.7	7.0	16.0	6.6	5.7	1.2	6.1
非正規稼ぎ主女性	5.7	41.4	48.0	5.4	4.4	15.8	9.6	4.2	13.1	12.1	6.9	28.6	6.2	15.3	6.4	4.4	2.2	6.9
非正規稼ぎ主男性	8.9	44.3	45.2	3.6	3.6	11.9	4.5	2.7	14.3	12.5	8.9	30.1	6.5	11.6	6.0	5.1	2.1	4.8

出所）連合総研「2022年非正規雇用調査」より筆者作成。

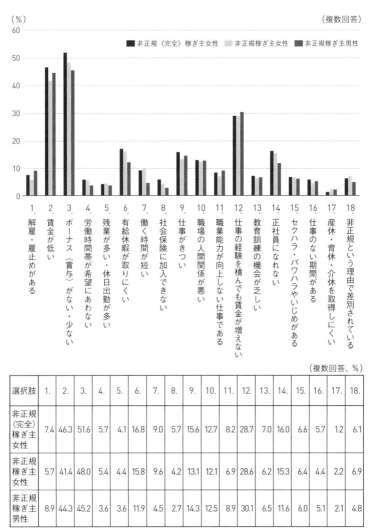

2％、以下同)」「ハラスメントの被害を受けやすい63・5％（40・8％）」「正社員で再就職しにくい58・9％（28・9％）」「貧困になりやすい56・2％（26・5％）」「収入が低い54・7％（29・8％）」「仕事を続けにくい52・5％（29・8％）」という状況である。女性たちの働く環境の厳しさと、そうした環境に対する男女の意識のジェンダー差が非常に大きいことが読み取れる。

(4) 非正規女性稼ぎ主世帯の年収と家計のやりくり

非正規女性稼ぎ主自身の過去1年間の賃金収入（税込み）は、「100〜200万円未満」が最多で43・3％、「200〜300万円未満」（29・6％）、「100万円未満」（13・4％）を加えると、稼ぎ主ながら86・3％の女性は年間「300万円未満」の賃金収入しかない。この比率は、非正規女性〈完全〉稼ぎ主では9割にのぼり、「300万円以上」の年収がある人は1割にも満たない（9・5％）。

非正規女性稼ぎ主世帯のうち本人以外に賃金収入のある世帯は4割あり、賃金収入を得ている家族は「配偶者（夫）」50・0％、「親」27・2％、「子ども」16・0％である。**図表4-4**は、これら配偶者等の収入を含めた世帯年収（税込み）の分布を示している。「100〜200万円未満」層には、非正規女性稼ぎ主世帯の3分の1が、非正規女性〈完全〉稼ぎ主世帯の半数近くが集中し、世帯年収「300万円未満」の比率は、7〜9割にのぼる。非正規男性稼ぎ主世帯や全国の仕事が主な女性世帯主世帯と比べても、非正規女性稼ぎ主世帯の年収の低さが著しい。高所得層

図表4-4　稼ぎ主世帯と世帯主世帯の年収　（%）

世帯所得／世帯年収の階層	2022年就業構造基本調査		2022年非正規雇用調査		
	仕事が主な男性世帯主世帯	仕事が主な女性世帯主世帯	男性稼ぎ主世帯	女性稼ぎ主世帯	女性〈完全〉稼ぎ主世帯
100万円未満	1.2	3.6	5.1	9.9	14.2
100 ～ 199万円	3.3	13.5	18.1	32.7	45.3
200 ～ 299万円	8.0	24.7	23.9	25.7	31.1
300 ～ 399万円	11.0	18.5	16.7	9.9	6.3
400 ～ 499万円	11.6	12.5	14.0	7.3	1.6
500 ～ 599万円	11.4	8.3	10.6	8.3	1.6
600 ～ 699万円	10.1	5.1	4.8	2.6	0
700 ～ 799万円	8.9	3.2	3.1	1.3	0
800 ～ 899万円	7.7	2.6	0.7	1.0	0
900 ～ 999万円	6.0	1.7	1.4	1.0	0
1000 ～ 1249万円	9.7	2.3	1.0	0.3	0
1250 ～ 1499万円	4.2	0.8	0.3	0	0
1500 ～ 1999万円	3.3	0.6	0	0	0
2000万円以上	2.0	0.4	0.3	0	0

注1）仕事が主な男性／女性世帯主世帯については図表4-1を参照されたい。
　2）「2022年就業構造基本調査」の「世帯所得」とは、世帯主、世帯主の配偶者及びその他の親族世帯員が通常得ている過去1年間（2021年10月～22年9月）の収入（税込み額）の合計をいう。
　「2022年非正規雇用調査」の「世帯年収」とは、配偶者等の収入を含む世帯全体の過去1年間の年収（税込み額）を指す。
　3）年収額の階層は「2022年就業構造基本調査」の表記を用いている。「1000 ～ 1249万円」には「2022年非正規雇用調査」の「1000 ～ 1200万円未満」を、「1250 ～ 1499万円」には「1200 ～ 1500万円未満」を対応させている。
出所）総務省統計局「2022年就業構造基本調査」、連合総研「2022年非正規雇用調査」より筆者作成。

図表4-5　世帯年収／世帯所得の分布

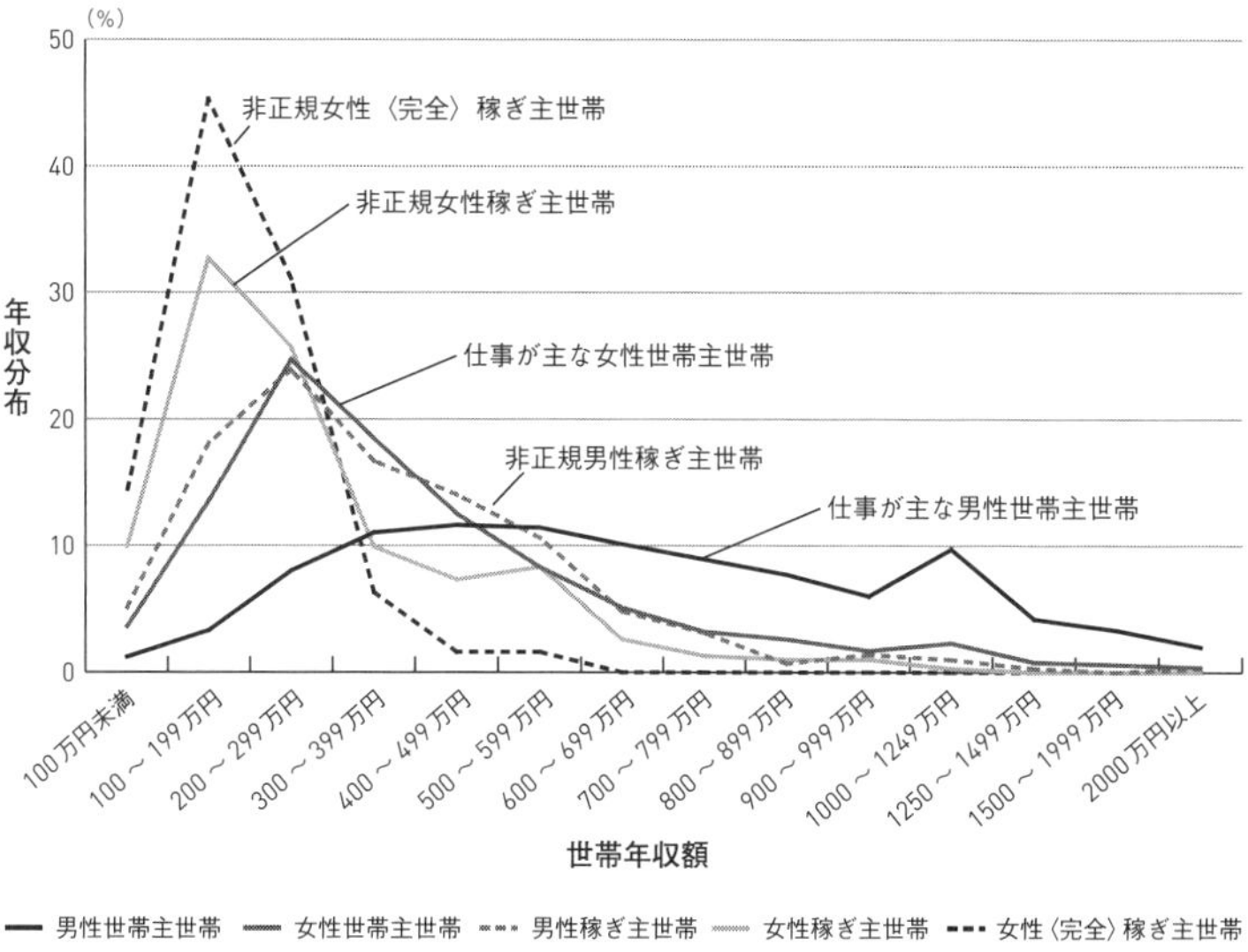

出所）総務省統計局「2022年就業構造基本調査」、連合総研「2022年非正規雇用調査」より筆者作成。

に広く分布する男性世帯主世帯と比べると、そのコントラストが一層鮮やかになる（**図表4-5**）。

さらに、非正規女性稼ぎ主世帯の6割には「蓄え」（預金や有価証券などの合計）は「ない」（38・9％）か、あったとしても「100万円未満」（21・4％）という寒々しい状況である（「わからない・答えたくない」（36・7％）を除いた比率）。

こうした状況にもかかわらず公的給付の受給者や社会保障・社会福祉制度の利用者は極めて少ない。非正規女性稼ぎ主世帯の7割は「受給・利用している制度はない」。最も多いのは「児童扶養手当」の受給（9・4％）で、あとは「就学援助制度」「保育所・幼稚園利用料の減額・免除」「医療機関にかかるための制度」の利用がそれぞれ4〜5％みられるのみである。

非正規女性稼ぎ主世帯の過去1年間の年間収支は、半数近くが「赤字」（47・5％）であった。なかでも支出が収入をかなり上回る「かなりの赤字」世帯が2割を超えた。「収支トントン」は23・2％、「黒字」の世帯は12・6％しかない。

家計を「やりくり」するために非正規女性稼ぎ主世帯の8割は、この1年間種々の「節約」を行ってきた。上位5つは、「衣服や靴の購入を控えた」54・9％、「食費や外食回数を減らした」44・1％、「趣味やレジャーの出費を減らした」33・3％、「水道・光熱費や通信費を減らした」29・8％、「耐久消費財の購入や買替えを控えた」21・4％である。蓄えのある世帯に限られるが「預貯金を取り崩した」も18・2％あった。こうした日々の生活全般については「満足」（34・0％）と「不満」（32・5％）が拮抗している。

3　非正規中高年シングル女性の生活困難

近年の女性の労働力率の上昇に伴う「M字カーブ」の解消と並んで、女性の正規雇用比率が25〜29歳（59・7％、15歳以上人口比）をピークに年齢とともに低下していく「L字カーブ」が指摘されている（総務省統計局「2022年労働力調査（基本集計）」）。中高年層の非正規雇用者の割合は、40～50歳代の55・0％から60歳代前半では75・2％に、65歳以上では82・7％に急上昇し、2022年には40歳以上の非正規女性中高年雇用者は1043万人に及んでいる。このうち4分の1に相当する270万人が非正規中高年シングル女性（未婚、死別・離別による単身者）である（総務省統計局「2022年就業構造基本調査」）。今後、人口の高齢化が進むなかでその数はさらに増加することが見込まれる。そこで本節では連合総研「2022年非正規雇用調査」の非正規中高年シングル女性にフォーカスしたい。

(1) 非正規中高年シングル女性の仕事と賃金

「非正規中高年シングル女性」とは回答者のうち40～64歳の単身世帯の女性（139人）を指している[3]。平均年齢は53・0歳である（20～30歳代の若年シングル女性は89人、平均年齢29・3歳）。雇用形態は、「パートタイマー・アルバイト」が63・3％と高く、3分の1が「契約社員・準社員」（22・3％）、「派遣社員」（11・5％）である。正社員として退職した後に非正規雇用になった人は少なく、76・5％が定年年齢以前から非正規で就業を継続している。

平均時給額は1149円で、勤続年数（平均8・19年）が長いためか、連合総研「2022年非正規雇用調査」の女性総数（平均勤続年数6・9年）の時給1110円よりも幾分高い。とはいえ、過去1年間の賃金年収（税込み）は、「200～300万円未満」が40・9％と多いものの「100万円未満」11・9％、「100～200万円未満」37・6％を合わせると、9割が

「300万円未満」である。この比率は、**図表4-1**でみた全国の「未婚、死別・離別の単身世帯」の女性世帯主の年収「300万円未満」層（48・6％）の2倍近くにのぼり、非正規中高年シングル女性が際立って低賃金・低所得層であることを示している。社会保険は6割が自身の厚生年金に加入している。

こうした収入状況を反映して、現在の仕事への不満・不安では、「ボーナス（賞与）がない・少ない」（46・0％）と「賃金が低い」（41・7％）が突出している。非正規雇用の女性総数（それぞれ40・0％、35・3％）に比べ、いずれも6％余り高くなっている（複数回答）。仕事への「不満や不安はない」人は18・7％と低く、8割以上の非正規中高年シングル女性が不満や不安を抱えている。仕事全般に対して「満足」している人は26・6％と低く、「不満」な人（28・1％）の方が多い。非正規雇用女性総数（「満足」40・5％）と比べ、仕事に満足している人は13・9％も少ない。

(2) 非正規中高年シングル女性の暮らし

世帯の蓄えについて非正規中高年シングル女性の46・8％が「わからない・答えたくない」と回答している。回答のあった人に限ってみると、蓄えは「ない」が44・6％にのぼり、あっても「100万円未満」が16・2％、まとまって「100万円以上」ある人は4割を切っている。女性総数では非正規雇用とはいえ、「100万円以上」（51・6％）が半数を超え、「ない」が3割以下にとどまるのに比べると、非正規中高年シングル女性の経済的不安は大きい。社会保障や社会福祉制度の利用に関しても75・5％は「受給・利用している制度はない」。

こうしたなかで過去1年間の世帯の年間収支は、「赤字」の家計（36・7％）が「黒字」の家計（13・7％）の2・7倍にのぼっている。収支のアンバランスに対し非正規中高年シングル女性世帯は、「衣服や靴の購入を控えた」51・8％（非正規雇用女性総数47・8％）、「食費や外食回数を減らした」37・4％（同41・1％）、「水道・光熱費や通信費を減らした」32・4％（同21・1％）、「預貯金を取り崩した」18・0％（同15・4％）など支出を切り詰め、家計をやりくりしている。特に水光熱費・通信費を減らした世帯は非正規雇用女性総数の1・5倍にのぼる。

総務省統計局「2022年家計調査」を参照すると、非正規中高年シングル女性の年間収入は、勤労者単身世帯（全国・男女）の年間収入五分位階級のなかで最も低い第Ⅰ五分位（年収282万円未満、中位数201万円）に相当する。第Ⅰ五分位の年平均1か月の勤め先収入（臨時収入・賞与を含む）は17万5162円、消費支出は12万7660円で、生活に必需的な食料、住居、光熱・水道、保険医療、理美容・身の回り用品への支出だけで約6割にのぼっている。非正規中高年シングル女性世帯が最も節約した「衣服及び履物費」の第Ⅰ五分位の月額はわずか3502円（消費支出の2・7％）に過ぎない。

こうした家計の実態を反映して、非正規中高年シングル女性は、生活全般に「不満」を抱く人（32・4％）が「満足」の人（26・6％）を上回っている。非正規雇用女性総数と比べると、生活に「満足」は14・5ポイント低く、「不満」は9・3ポイント高い。

⑶ 中高年シングル女性の生活困難

中高年シングル女性が直面する問題は低賃金・低収入にとどまらない。「わくわくシニアシングルズ」（代表　大矢さよ子氏）[4]によれば、女性たちの生活困難をさらに深刻化させているのは住居の問題である。同グループの「第2回中高年シングル女性の生活状況実態調査」（2022年）によると、中高年シングル女性の41・8％が民間賃貸住宅に居住している。その4割近くが「月額7万円以上の住居費」を支払い、年収300万円未満層では82・3％の女性が、住居費支払い後の家計には「あまり・まったく余裕がない」と訴えている。住居費が家計を圧迫しているにもかかわらず、公営賃貸住宅に居住する中高年シングル女性は6・9％と極度に少ないことである。同「調査」の「自由記述」からは、年収300万円未満（非正規雇用労働者の84・1％）に据え置かれた非正規中高年シングル女性の「フルタイムで勤務しているにもかかわらず、人間が最低限必要な人間らしい暮らしを送るための賃金がもらえず苦しい」（40代・独身・非正規職員）状況がリアルに伝わってくる。大矢さんは、「わが国の女性に対する支援は、子供を産み、子育てをする人を対象にした両立支援や子育て支援に特化して行われてきた。この対象から外れる中高年シングル女性は社会のなかで『見えない存在』として施策・支援のはざまにおかれてきた」と指摘する。今後さらに増加する（非正規）中高年シングル女性の生活困難の「見える化」が急務である。

4　非正規女性稼ぎ主・非正規中高年シングル女性の要望
——労働組合・社会保険制度・労働法

生活不安・生活困難を抱えた非正規雇用の女性たちは「正社員」にはなりたくないが、「無期契約」への転換を希望している。「正社員になりたい」人は、非正規女性稼ぎ主で3割、非正規中高年シングル女性（以下、非正規を省略）で2割と低いが、「無期契約への転換」はそれぞれ6割前後が望んでいる。理由は「安定して働きたい」ことにある（約9割が選択）。

労働組合への加入率は、女性稼ぎ主も中高年シングル女性も3割弱で、7割は労働組合に加入していない。労働組合へのイメージは、「身近に感じられない」「どんな活動をしているかわかりづらい」というマイナスイメージと、「働いている人の味方」「労働条件改善・向上に欠かせない」というプラスのイメージが拮抗するが、いずれの選択率も20〜25％程度と低い。

しかし、「非正規雇用労働者のために労働組合が行うべき取り組み」については相当数の女性からかなり明確な要望が表明されている。女性稼ぎ主および中高年シングル女性の4人に1人以上が選択した「取り組み課題」をあげると、「賃金・ボーナスの改善」（女性稼ぎ主78・6％、中高年シングル女性76・3％、以下同）、「退職金の支給」（50・7％、46・8％）、「労働時間・休日・休暇の改善・充実」（41・6％、36・7％）、「福利厚生の充実」（40・1％、38・1％）、「雇用の維持」（38・7％、43・2％）、「セクハラなどハラスメント対策」（31・0％、23・7％）、「正社員・無期契約社員への転換」(29・3％、23・0％)、「育児休業・介護休業・看護休暇制度の充実」(26・4％、17・3％)である。低賃金・低所得の改善を筆頭に労働条件・両立制度の充実、職場環境の改善まで広範囲にわたる要望からは女性たちの切迫した窮状が伝わってくる。労働組合およびナショナルセンターは、これらの要望・課題に積極的に取り組み、期待に応えて欲しい。

図表4-6、4-7は、非正規雇用の女性たちが望む社会保険制度と必要だと思う労働法制である。社会保険制度で突出しているのは、「コロナ禍などで仕事を休んでも生活に困らない」・「所得にかかわらず年金の最低額を保障する」・「勤め先や労働時間が変わっても不利にならない」制度である。これに「短時間労働やダブルワークでも失業したら保障を受けられる」制度が続く。非正規雇用の女性総数でみると、「育児・介護休職時の所得保障」や「子どもの看護休暇時の賃金保障」への要望も強い。共通するのはどんな場合でも生活に困らない賃金・所得保障である。

一方、労働法制では、非正規雇用女性総数が「自分の希望するタイミングでフルタイムとパートタイムを行き来できる」制度の法制化や、「正社員と共通の有給休暇制度」、「賃金が保障される育児・介護休暇制度」の必要を訴えている。中高年シングル女性で目立つのは「月の最低限の労働時間保障」と「労働契約はすべて期限のない契約にする」ことである。女性稼ぎ主は「最低限の労働時間保障」と並んで「1~2年で正社員への転換を申し込める」法制も要望している。非正規雇用女性の就業の継続性と生活保障を高めるこれらの社会保険制度および労働法制の実現に国・自治体・企業・労働組合は力を尽くすべきである。

図表4-6　非正規雇用の女性たちが望む社会保険制度

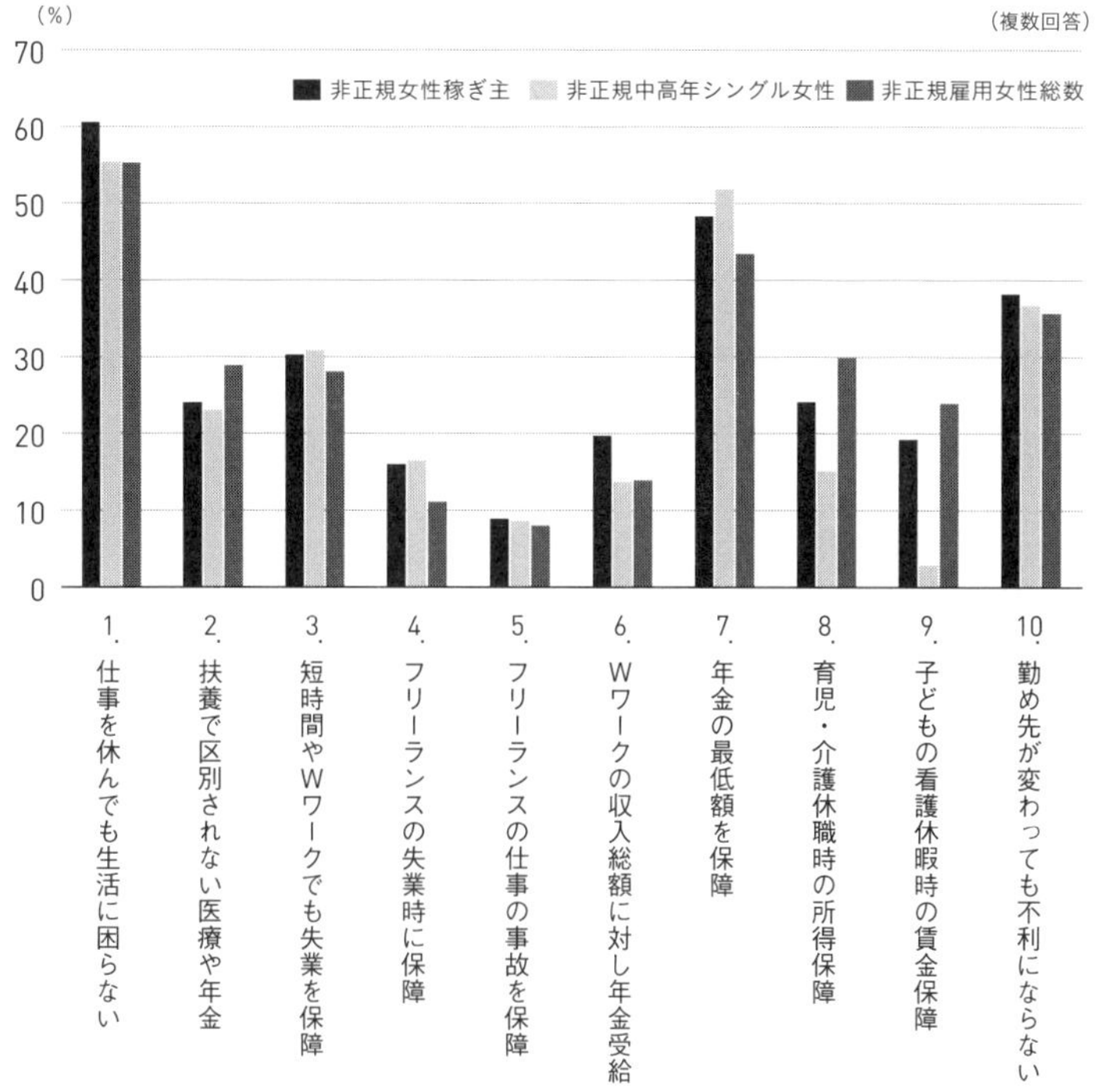

（複数回答、%）

選択肢	1.	2.	3.	4.	5.	6.	7.	8.	9.	10.
非正規女性稼ぎ主	60.6	24.1	30.3	16.0	8.9	19.7	48.3	24.1	19.2	38.2
非正規中高年シングル女性	55.4	23.0	30.9	16.5	8.6	13.7	51.8	15.1	2.9	36.7
非正規雇用女性総数	55.3	28.9	28.1	11.1	8.0	13.9	43.4	29.9	23.9	35.7

注）社会保険制度は5つまで選択可。
出所）連合総研「2022年非正規雇用調査」より筆者作成。

図表4-7　非正規雇用の女性たちが必要だと思う労働法制

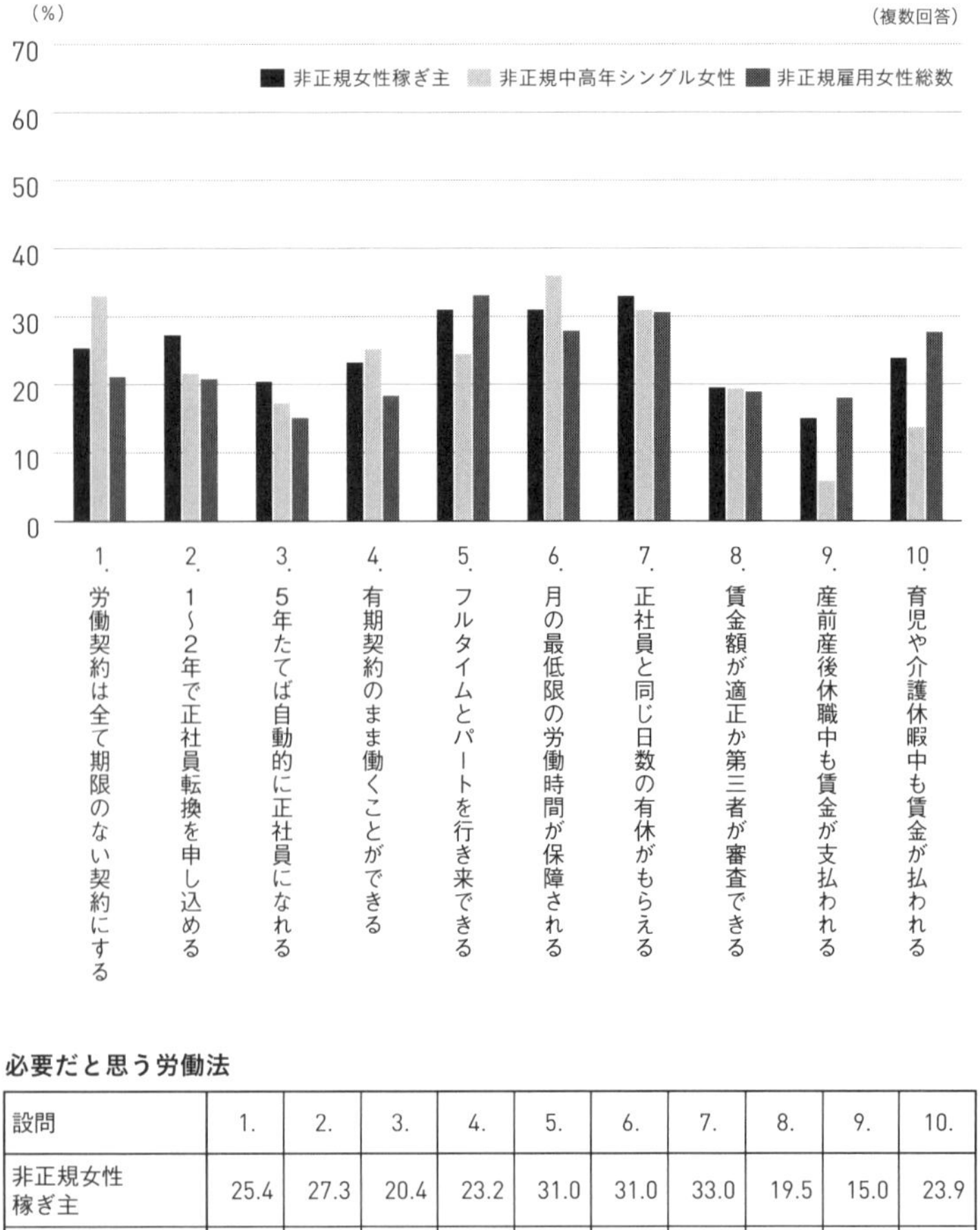

必要だと思う労働法

設問	1.	2.	3.	4.	5.	6.	7.	8.	9.	10.
非正規女性稼ぎ主	25.4	27.3	20.4	23.2	31.0	31.0	33.0	19.5	15.0	23.9
非正規中高年シングル女性	33.1	21.6	17.3	25.2	24.5	36.0	30.9	19.4	5.8	13.7
非正規雇用女性総数	21.1	20.8	15.1	18.3	33.1	27.9	30.6	18.9	18.0	27.7

注）労働法は7つまで選択可、労働法については選択率の上位10までを掲載した。
出所）連合総研「2022年非正規雇用調査」より筆者作成。

注

1 「就業構造基本調査」の「世帯主」は「世帯（住居と生計を共にしている者の集まり）を代表する者」であって、必ずしも「世帯主」イコール「稼ぎ主」ではないが、実態としてはそれに近いことが、以降の行論で明らかとなろう。

2 厚生労働省「2022年賃金構造基本統計調査」の当該労働者の「所定内給与額」を「所定内実労働時間数」で除して算出した（企業規模計10人以上）。

3 連合総研「2022年非正規雇用調査」の回答者は全国の20～64歳の民間企業・非正規雇用労働者である。女性回答者総数1819人。

4 連合総研非正規雇用研究会は2023年5月にわくわくシニアシングルズ代表大矢さよ子さんにインタビューを行った（連合総研「インタビュー概要」参照）。

第5章　非正規雇用のなかの〝主婦パート〟

後藤　嘉代

はじめに

非正規雇用で働く労働者は、かつては家計補助を目的に、家事や育児との両立を図りながら働く既婚女性のパートタイマーが中心だった。経済の低迷が続くなかで、若年層や男性の非正規化が進み、非正規雇用の様相は大きく変化した。しかし、現在においても、既婚女性の働き方の中心は、いわゆる〝主婦パート〟である。また、この〝主婦パート〟は、雇用における男女平等や女性活躍、雇用形態間の格差是正、さらには第3号被保険者制度の見直しなど、女性の就労にかかわる政策課題に広く、かつ、深くかかわる存在といえる。

以下では、連合総研「2022年非正規雇用調査」の回答者のうち、いわゆる〝主婦パート〟に焦点をあてていきたい。調査結果をみると、〝主婦パート〟の意識は同じ既婚であっても契約・派遣社員として働く女性（以下、既婚・契約派遣等）とは異なる面も確認できる。そこで既婚・契約派遣等で働く女性との比較から、〝主婦パート〟の働き方にかかわる意識とその背景について検討したい。

1　日本における〝主婦パート〟

まず、日本の労働市場における〝主婦パート〟と、調査からみた〝主婦パート〟の属性について整理する。

(1)〝主婦パート〟とは

日本におけるパートタイム労働は、高度経済成長期の若年労働力不足への対処として、また、低賃金かつ雇用調整をしやすい労働力として、一度労働市場から退出した既婚女性、すなわち家庭の〝主婦〟がそのターゲットとなり拡大してきた。しかし、1990年代後半以降、男性（夫）の賃金は上がらなくなり、〝主婦パート〟の働き方は、「家計補助」型から「生計維持」型に変化した（本田（2010））。一方、企業側も〝主婦パート〟の量的・質的両面からの基幹化を図り、正社員を代替する労働力として位置づけてきたといえる（本田（2010）、金（2017））。しかし、現在においても、家事や育児、介護などの家族的責任が女性（妻）に偏っており、

図表5-1　女性雇用者に占める非正規比率・“主婦パート”比率

	女性パート・アルバイトに占める有配偶比率	女性非正規に占める“主婦パート”比率	既婚女性非正規に占める割合		
			パート・アルバイト	派遣労働者	契約社員・嘱託
2022年	67.4%	52.5%	82.3%	4.5%	9.9%
2002年	67.9%	55.5%	86.5%	2.7%	7.4%

注）連合総研「2022年非正規雇用調査」に合わせ“主婦パート”の雇用形態は「パートタイマー」と「アルバイト」の合計

出所）総務省統計局「2022年就業構造基本調査」より筆者作成。

既婚女性の多くが家庭生活と両立できる働き方として非正規雇用を選択している。

また、〝主婦パート〟の働き方の特徴の1つに、所得税の非課税限度額や配偶者の雇用保険・厚生年金の加入要件等を意識して年収を一定額以下に抑える「就業調整」がある。厚生労働省「2021年パートタイム・有期雇用労働者総合実態調査」によると、配偶者がいる女性パートタイム・有期雇用労働者のうち年収や労働時間による就業調整をしている割合は20・2％を占める。就業調整は、現在の働き方への影響だけでなく、女性の高齢期の収入への影響なども指摘されている（平川・伊藤（2023））。

(2) 労働市場における〝主婦パート〟

総務省統計局「2022年就業構造基本調査」から、既婚女性の雇用形態についてみていきたい。女性パート・アルバイトに占める有配偶者（＝〝主婦パート〟）の割合は67・4％で、女性パート・アルバイトの7割近くが既婚女性で占められている（**図表5-1**）。また、非正規雇用の女性に占める〝主婦パート〟の割合は52・5％と非正規雇用の女性の半数が〝主婦パート〟である。20年前の調査（２００２年）と比較すると、女性パート・アルバイトの有配偶率、女性非正規に占める割合にほとんど変化はない。他方、22年の非正規雇用の既婚女性の雇用形態の構成は、パート・アルバイトが82・３％、派遣労働者が４・５％、契約社員・嘱託が９・９％である。これを02年と比較すると、約20年間でパート・アルバイトは４ポイント減少し、その分、契約社員・嘱託、派遣労働者が増加している。

⑶ 調査からみた〝主婦パート〟の属性

〝主婦パート〟の働き方や生活をみる前に、連合総研「２０２２年非正規雇用調査」に回答した〝主婦パート〟の属性を確認しておきたい。本章で使用する〝主婦パート〟は、女性、配偶者あり、雇用形態が「パートタイマー・アルバイト」を選択した１０２５人である。なお、雇用形態はいわゆる呼称に基づくものであり、このなかにはフルタイム労働に近い週の実労働時間が35時間以上の割合が16・１％を占める。

平均年齢は48・３歳で、既婚・契約派遣等（46・３歳）を２歳上回る。学歴は、「高校卒」が38・８％と最も多く、「短大・高専卒」が22・６％、「四年制大学卒」は15・６％である。既婚・契約派遣等に比べると、「四年制大学卒」が少なく、「高校卒」が多い。

勤め先についてみると、業種は「卸売・小売業」（22・５％）とともに、「医療・福祉」（19・０％）が２割を占める。既婚・契約派遣等に比べて「医療・福祉」が多い一方、「製造業」や「情報通信業」の割合は少ない。企業規模は「29人以下」（26・4％）が4分の1を占め、既婚・契約派遣等（4・8％）を上回る。現在、従事している職種は、「サービス職業」（23・9％）と「事務職」（20・1％）が2割強ずつで、既婚・契約派遣等よりも「事務職」が少なく、「サービス職業」が多い。現在の勤め先での勤続年数は平均7・07年で、既婚・契約派遣等（7・44年）と大きな違いはない。

1週間あたりの実労働時間が35時間未満の割合は83・9％と、既婚・契約派遣等（44・5％）を大きく上回り、短時間労働者の割合が多くなっている。

(4) 就業調整

前述したように、〃主婦パート〃のなかには、就業調整をしている層が一定割合を占める。連合総研「2022年非正規雇用調査」では、就業調整の有無は確認できないものの、〃主婦パート〃では、「配偶者が加入する年金の被扶養者」が52・6％に及んでおり、既婚・契約派遣等（13・7％）を大きく上回る。連合総研（2023）「第45回勤労者短観」によると、第3号被保険者の半数が就業調整をしており、そのうち約3分の2が「社会保険料負担が生じないようにするため」に就業調整をしていると回答している。こうした結果を踏まえると、連合総研「2022年非正規雇用調査」においても、「配偶者が加入する年金の被扶養者」のうち一定割合が就業調整をしていることが想定される。

2 〝主婦パート〟の働き方

次に、〝主婦パート〟の現在の働き方と今後の働き方や制度に対する希望ついてみていきたい。

(1) 正社員と比較した仕事

正社員と比較した仕事の難易度については、「正社員と同じ内容で同程度」(23・9%)は2割強にとどまるが、正社員と同じ内容の仕事をしている割合(「同程度」+「高度な仕事」+「軽易な仕事」)は57・4%と過半数を占める。これに対し、既婚・契約派遣等は「正社員と同じ内容で同程度」が34・9%、正社員と同じ内容の仕事が73・3%に及び、〝主婦パート〟の方が、正社員と異なる内容や難易度の仕事をしている割合が多い。ただし、正社員と同じ内容の仕事をしている割合は、〝主婦パート〟のなかでも、労働時間の長さにより違いがあり、1週間あたりの実労働時間が35時間以上の層では66・7%と35時間未満(55・6%)を11ポイント上回る。

関連して、正社員と比べた賃金水準については、「賃金格差はあるが許容できる程度」が42・0%と最も多く、「賃金水準は低くかなりの格差がある」は30・1%である。この「かなりの格差がある」割合は、既婚・契約派遣等(42・1%)に比べて少ない。また、実際の時給額は「900円台」(30・5%)と「1000円台」(30・7%)が中心で、時給1000円以上の割合は

図表5-2　仕事に対する不満や不安（女性、複数選択、単位：%）

	賃金が低い	ボーナスがない・少ない	有給休暇が取りにくい	働く時間が短い	仕事がきつい	職場の人間関係が悪い	仕事の経験を積んでも賃金が増えない	正社員になれない	その他	不満や不安はない	件数
“主婦パート”計	31.0	34.6	12.0	9.5	10.7	11.2	23.3	6.4	6.5	26.1	1025
（35時間未満）	29.4	32.4	11.5	10.6	10.3	10.3	21.2	5.7	7.0	28.0	860
（35時間以上）	39.4	46.1	14.5	3.6	12.7	15.8	34.5	10.3	4.2	16.4	165
既婚・契約派遣等計	33.6	47.9	14.4	4.1	13.7	9.6	26.0	15.8	9.6	16.4	146
配偶者なし計	42.6	46.8	13.0	8.8	12.5	15.1	26.1	14.0	6.0	20.7	648

注）“主婦パート”の回答で上位10項目のみを掲載。
出所）連合総研「2022年非正規雇用調査」。

61・5%である。勤続年数が10年以上になると、時給1000円以上が7割強と多くなるが、勤続年数の長さに応じて時給額が高くなる傾向は確認できない。既婚・契約派遣等は、9割以上が時給1000円以上であり、〝主婦パート〟の方が、時給額が低い層の割合が多い。

(2) 仕事に対する不満や不安

次に、**図表5-2**から仕事に対する不満や不安（複数選択）をみると、「不満や不安はない」が26・1%を占め、不満や不安がある割合は他の非正規雇用の女性に比べてやや少ない。不満や不安の中身は、「ボーナス（賞与）がない・少ない」（34・6%）、「賃金が低い」（31・0%）がともに3割強と上位にあげられているが、既婚・契約派遣等では「ボーナス（賞与）がない・少ない」（46・1%）が半数近くを占め、〝主婦パート〟を13ポイント上回る。不満や不安の中身は労働時間の長さによる違いがみられ、週の実労働時間35時間以上の層は、「賃金が低い」が４割近くを占めるほか、「ボーナスがない・少ない」や「仕事の経験を積んでも賃金が増えない」など賃金にかかわる不満が多くなっている。

(3) 無期契約、正社員への転換希望

前述したように、〝主婦パート〟の半数が夫の扶養の範囲内で仕事をしており、正社員への転換を希望する割合は他の非正規雇用の女性に比べて少ないことが想定される。実際に、〝主婦パート〟は今後の働き方についてどのような意向を持っているのだろうか。

正社員への転換を希望している割合（「今の勤め先」＋「転職して」）は17・５％にとどまり、既婚・契約派遣等（33・６％）を16ポイント下回る。一方、「正社員にはなりたくない」（54・４％）は過半数を占めるが、その理由（複数選択）は、「家事や育児・介護の時間が必要」（41・８％）や「責任が重くなる」（38・７％）、「労働時間・労働日を選んで働きたい」（37・５％）などが上位を占め、「就業調整をしたい」は14・９％とそれほど多くない。また、有期雇用契約から無期契約への転換を「希望する」割合は53・７％と、既婚・契約派遣等（62・７％）に比べて少ないものの、前述の正社員に転換を希望する割合を大きく上回る。〝主婦パート〟の場合、「期間の定めはない」雇用契約を結んでいる割合が46・８％と既婚・契約派遣等（37・０％）に比べて多いが、有期契約の〝主婦パート〟においても、他の非正規雇用で働く女性と同様に、雇用の安定を

希望する割合は少なくない。

(4) 〝主婦パート〟が考える望ましい労働・社会保険制度

連合総研「2022年非正規雇用調査」では、労働者にかかわるルールに関する認知状況や意識についてたずねている。〝主婦パート〟は「同一労働同一賃金のルール」を認知していない（「あまり知らない」＋「知らない・初めて聞いた」）割合が71・5%に及び、既婚・契約派遣等（58・2%）を上回る。

また、必要だと思う労働法については、「フルタイムとパートを行き来できる」が36・7%と多く、そのほか、「育児や介護休暇中も賃金が支払われる」（30・3%）、「正社員と同じ日数の有休がもらえる」（29・4%）、「月の最低限の労働時間が保障される」（26・6%）などが上位にあげられている。既婚・契約派遣等と比べると、「フルタイムとパートを行き来できる」と「月の最低限の労働時間が保障される」は〝主婦パート〟で比率が高いが、正社員転換の希望割合を反映して、「1～2年で正社員転換を申し込める」（17・0%）や「5年たてば自動的に正社員になれる」（11・9%）といった正社員転換にかかわるルールを必要だと思う割合は、既婚・契約派遣等に比べて10ポイント程度少ない。なお、〝主婦パート〟は、他の非正規雇用に比べて必要だと思う労働法としてあげた各項目の比率が低く、労働法（の改正）に対する関心が他の層に比べて低いことがうかがわれる。

望ましい社会保険制度については、必要な労働法に比べて各項目に対する回答比率が高く、ニーズは比較的明確である。「仕事を休んでも生活に困らない」が53・7％と最も多く、これに「年金の最低額を保障」（43・1％）、「扶養で区別されない医療や年金」（35・0％）、「育児・介護休職時の所得補償」（32・6％）などが続いている。既婚・契約派遣等と比べると、「仕事を休んでも生活に困らない」が5割強、「育児・介護休職時の所得補償」や「子どもの看護休暇時の賃金補償」が3割程度を占める点は共通しているが、「年金の最低額を保障」と「扶養で区別されない医療や年金」で既婚・契約派遣等を上回っている。〝主婦パート〟が望む社会保険制度は自身の働き方を念頭においたものとなっており、「年金の最低額を保障」と「扶養で区別されない医療や年金」といった〝主婦パート〟特有のニーズは、第3号被保険者制度を含む年金制度の見直しにおいても重要な論点といえる。

3 〝主婦パート〟と家族的責任

以下では、〝主婦パート〟の働き方に大きくかかわる家族的責任についてみていきたい。

まず、家族にかかわる属性をみると、夫の非正規比率は10・7％で、既婚・契約派遣等（12・7％）と大きく変わらない。末子の年齢は幅広く分布しているが、末子が3歳以下の割合は9・3％と既婚・契約派遣等（23・5％）に比べて少ない。また、要介護家族がいる割合も5・5％

図表5-3　世帯年収の分布（単位：%）

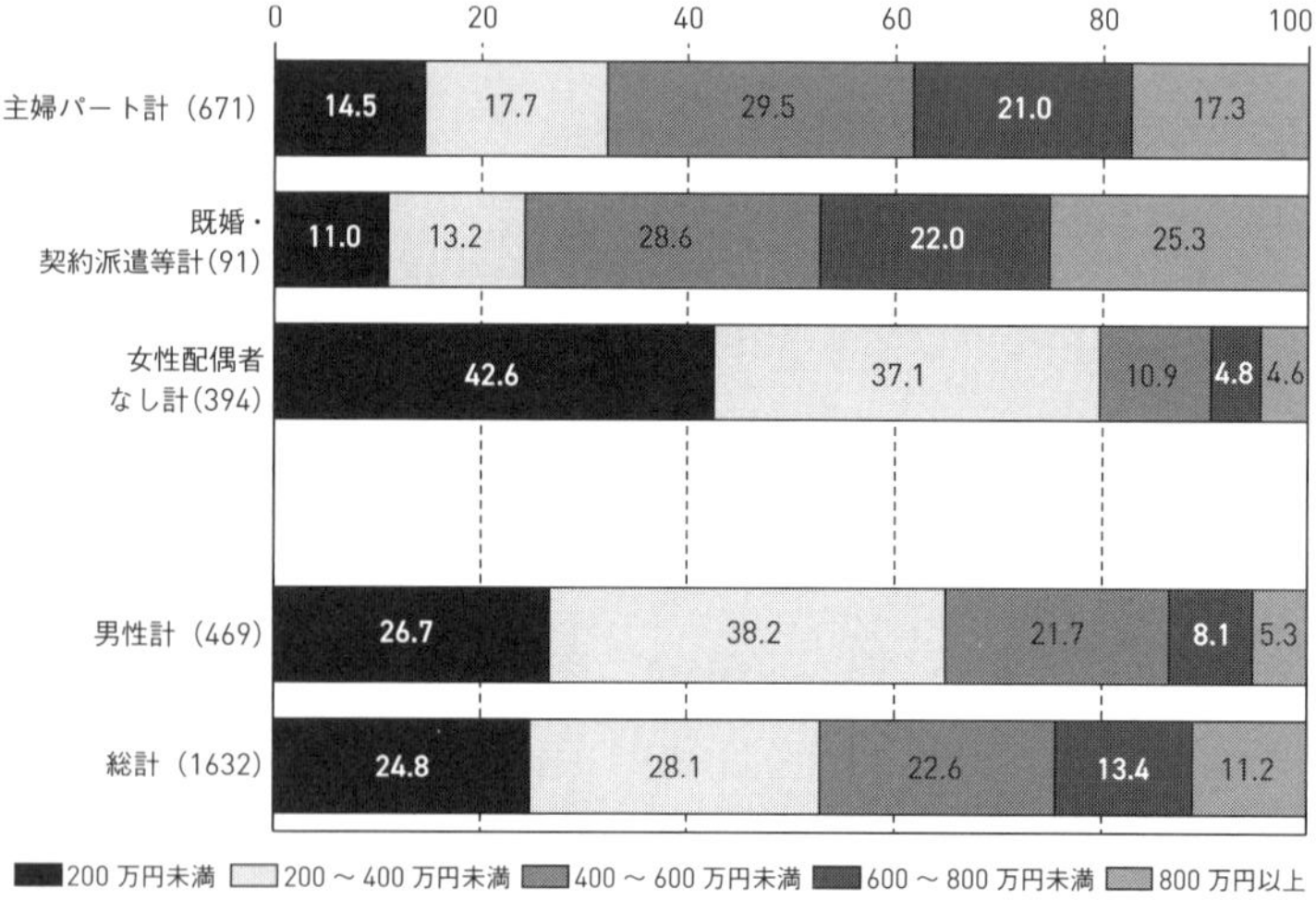

注）「わからない・答えたくない」を除いた世帯年収に回答があった1632人が対象。
出所）連合総研「2022年非正規雇用調査」。

にとどまっており、未就学児の育児や要介護者の介護を担いながら働いている割合はそれほど多くない。

家計における役割についてみると、自分の賃金が世帯収入の半分以上を占める割合は８・８％と少なく、世帯年収の水準は、自分の賃金が世帯収入の半分以上を占める割合が多い女性の配偶者なし層や男性に比べて高い。世帯年収８００万円以上の割合（「わからない・答えたくない」を除く）は17・３％と総計（11・２％）を上回る。ただし、既婚・契約派遣等に比べると本人賃金の違いを反映して世帯年収の水準はやや低い（**図表５‐３**）。同様に、世帯貯蓄（「わからない・答えたくない」を除く）についても、２割強が１０００万円以上の貯蓄があると回答している一方、世帯貯蓄が「ない」も24・6％と他の非正規雇用と同程度を占める。加えて、この1年間の家計のやりくりをみても、「衣服や靴の購入を控えた」や「食費や外食回数を減らした」など4人に3人が何らかのやりくりをしており、〝主婦パート〟のなかでも生活水準にはばらつきがある。このように〝主婦パート〟は、夫の収入を基盤に「家計補助」的な働き方をしている層と、「生計維持」のために働いている層の両方が存在することが確認できる。

また、家事・育児・介護が働き方に影響していると回答した割合は67・9％と実労働時間が相対的に長い既婚・契約派遣等（59・6％）を上回る。しかし、自身の家事分担率は平均77・5％と既婚・契約派遣等（平均71・8％）をやや上回る程度で大差はない。

4　〝主婦パート〟の働き方の背景——性別役割分業意識との関係

これまでみてきたように、〝主婦パート〟は、家事・育児等の両立を念頭に働いており、現在の仕事に対する不満は相対的に少なく、また、正社員への転換などキャリアアップを想定していない層が多数派である。これらは、従来の〝主婦パート〟のイメージと大きく変わらない。こうした意識の背景には、家事や育児の女性への偏りだけでなく、〝主婦パート〟自身の性別役割分業意識も影響している可能性がある。

連合総研「2022年非正規雇用調査」では『女性がおかれている状況』と『家族や子どもに

関する考え方』という2つの設問から、性別役割分業意識について調べている。これらの設問は、「そう思う」、「ややそう思う」、「どちらともいえない」、「ややそう思わない」、「そう思わない」の5つの選択肢の中から、あてはまるものを選ぶ形式をとっている。以下では、「そう思う」を2点、「ややそう思う」を1点、「どちらともいえない」を0点、「ややそう思わない」をマイナス1点、「そう思わない」をマイナス2点とし、合計した数で指数化した。例えば、100人の回答者がいた場合、すべての回答者が「収入が低い」に「そう思う」と回答した場合、指数は200になり、反対にすべての回答者が「そう思わない」と回答すると指数はマイナス200になる。

この指数を用いて、女性がおかれている状況に対する考え方をみると、同じ既婚女性である既婚・契約派遣等とともに、「家事・育児などの家族的責任が大きい」は指数が高く、一方、「女性は短い労働時間しか働けない」や「解雇・雇止めにあいやすい」が低い点は共通している。既婚・契約派遣等と指数を比較すると、〝主婦パート〟は、女性は「仕事を続けにくい」、「短い労働時間しか働けない」といったパートタイム労働の特徴を示す内容で指数が相対的に高い（**図表5-4**）。

また、家族や子どもに関する考え方をみると、「結婚後は夫は外で働き妻は主婦業」に否定的な回答が多く、「夫も家事や育児を平等に分担すべき」では肯定的な回答が多数を占める点は既婚・契約派遣等と共通している。一方で、〝主婦パート〟は既婚・契約派遣等に比べて「夫も家

図表5-4　女性がおかれている状況について（指数）

	“主婦パート”(A)	既婚・契約派遣等（B）	(A)－(B)
収入が低い	58.0	58.9	-0.9
手当などの賃金保障が小さい	46.0	48.6	-2.7
短い労働時間しか働けない	11.7	-13.7	25.4
休業や時短の対象になりやすい	39.4	32.2	7.2
解雇・雇止めにあいやすい	26.9	25.3	1.6
ハラスメントの被害を受けやすい	67.9	63.7	4.2
仕事を続けにくい	70.2	57.5	12.7
正社員で再就職しにくい	76.6	70.5	6.0
家事・育児などの家族責任が大きい	130.1	122.6	7.5
貧困になりやすい	62.0	69.2	-7.2

注）指数＝「そう思う」×2+「ややそう思う」×1+「どちらともいえない」×0+「ややそう思わない」×（-1）+「そう思わない」×（-2）
出所）連合総研「2022年非正規雇用調査」。

図表5-5　家族や子どもに関する考え方（指数）

	“主婦パート”(A)	既婚・契約派遣等（B）	(A)－(B)
結婚後は夫は外で働き妻は主婦業	-87.7	-95.2	7.5
重要なことは父親が決定すべき	-46.4	-66.4	20.0
男の子は男らしく女の子は女らしく	-61.6	-74.0	12.4
夫も家事や育児を平等に分担すべき	81.5	95.2	-13.7
年老いた親の介護は家族が担うべき	-9.9	-11.0	1.1

注）指数の計算は図表5-4と同じ。
出所）連合総研「2022年非正規雇用調査」。

事や育児を平等に分担すべき」が相対的に少なく、「重要なことは父親が決定すべき」、「男の子は男らしく女の子は女らしく」が多いといった特徴がみられる（図表5－5）。

このように〝主婦パート〟は、自らが考える女性の働き方を念頭に現在の働き方を選択し、その選択には相対的に強い性別役割分業意識が影響しているのではないだろうか。

5　これからの既婚女性の働き方

女性の就業継続や非正規雇用からの正社員への転換などが進められてきたなかで、連合総研「2022年非正規雇用調査」からみえる〝主婦パート〟は、従来のイメージから大きな変化はない。〝主婦パート〟という働き方の選択には、自身の性別役割分業意識を背景に家庭生活との両立が重視されており、そのことが制度の認知の低さ、仕事やキャリアへのコミットの弱さに影響しているようにみえる。非正規雇用のなかでも相対的に低い賃金をある程度受け入れて働く〝主婦パート〟の働き方が企業や社会において引き続き定着することは、結果として、女性活躍や男女間賃金格差の解消を遅らせる可能性がある。また、〝主婦パート〟にかかわる様々な政策が議論されるなかで、当事者である〝主婦パート〟に対して制度の仕組みや、引退後も含めた生活を考えるうえで必要な情報が十分に届いているのかという点にも疑問が残る。

当面の間は、〝主婦パート〟は既婚女性の働き方の中心であることが予測されるが、契約社員や派遣労働者として働く既婚女性との働き方に対する意識の違いは、既婚女性＝〝主婦パート〟といった一面的な見方では、その実態の把握が困難になることを示しており、既婚女性の働き方の変化にも今後、注視する必要があるだろう。

参考文献

金英（２０１７年）『主婦パートタイマーの処遇格差はなぜ再生産されるのか―スーパーパケット産業のジェンダー分析』ミネルヴァ書房
平川則男・伊藤彰久（２０２３年）「勤労者短観からみた就業調整と第３号被保険者の動向について（上）」連合総研リポートＤＩＯ №３８９
本田一成（２０１０年）『主婦パート――最大の非正規雇用』集英社新書
連合総研（２０２３年）「第45回　勤労者短観報告書」

第6章　ケアを保障する国家へ

上田　真理

はじめに

労働者は、働いて得た収入をもとに、家庭生活を営み、翌日の仕事に備える。この生活には収入を得るための労働（ワーク）と、収入を得られない行為（家事、育児等）が不可欠になる。どちらも重要な機能を果たすが、家庭内の行為は適切に評価されていない。本章では、ワークだけではなく、収入を得られない行為である「ケア」を、ひとの生活に不可欠な社会的に有意義な行為と捉えることにしたい。ここでいう「ケア」は、育児、介助、介護、看護、家事などの行為・活動を含む。ただし、本章では、ケアのなかで育児を主な対象にし、必要により介護に言及することがある。以下では、連合総研「2022年非正規雇用調査」を基に、まず現状を確認し、そしてケア時間を保障する政策を展開する国家に転換する必要を考えたい。

1　ケアを担う非正規雇用労働者の生活状況

(1) 家庭内ケアによる生活への影響

① 生活への影響

連合総研「2022年非正規雇用調査」ならびに労働組合およびNPOインタビューから、次のことが確認できる。一方で、ケア時間を確保するためにパートタイム労働に就く労働者は性による顕著な相違があること、さらに家族構成によりニーズが異なることである。他方、ケアを要する子の権利もコロナ禍を通じて親の経済的・社会的状況にかかわらず保障されなければならないこと、若者への支援も要請されることが明らかになっている。具体的にみていこう。

家庭内ケアに使う時間は性による偏りがあり、それが仕事にも生活にも不平等をもたらすため、ケア時間の公平な配分を可能にする諸条件の整備責任がコロナ禍を通じて国家に問われている。

ケア時間のために女性がより多くの時間を使うことは、連合総研「2022年非正規雇用調査」では、「労働時間を調整している」30〜40代の女性が多いこと、正社員になりたくない理由を「家事や育児・介護の時間が必要」とする30代女性が52・2%であること[1]に示されている。

女性の家事分担は「配偶者あり」でも76・8%に及び、男性の「配偶者あり」（32・0%）を大きく上回る。[2] また、配偶者の家事分担割合には、配偶者の雇用形態や子どもの有無による違いがほとんどない。つまり女性労働者は家事・育児・介護も行う、多重負担の状況にある。また、「配偶者なし・子どもあり」の女性は、本人の家事分担の割合が圧倒的に高い（78・5％）。つまり、家庭内ケアを女性が引き受けているため、ひとり親世帯はもとより、子のいる世帯は女性に負担が多い。[3]

女性がケアのために稼得労働から一時的に退くまたは長期に短時間労働につく「選択」または「決定」は、自由な偶然の現象ではない。[4] ケアを担う女性の生活は、より高い賃金の男性に依存することにもなる。ひとり親世帯では、その分、生活事情が厳しくなる。

②コロナ禍・女性不況

コロナ禍を通じ、女性へのケアの偏りが一層顕著になった。日常生活に多くの援助が急に必要になったが、学校休校等による補助金・支援金の利用でさえ、多くない。この補助金・支援金の制度自体が周知されていなかった。〝この制度を知っている〟は68・0％にとどまっている。[5]

ステイホームが求められ、保育園も看護師などを別にすれば利用が困難になり、また学校の休校により、誰かが家に居なければならない状況が生じた。コロナ禍に、子のいる女性の就業率が低下し、とくに末子が小学生以下の子どもがいる女性は、子どものいない既婚女性に比べて、就業率が大きく下がっている。[6] いったい、どのくらいの女性が職場に戻って、希望通りに働くことができているのだろうか。

③ 安全ギャップならびにケア時間、収入・所得および年金の不平等

ケアにより他者を必要とする状況は、家族内での人間関係に影響を及ぼし、暴力の被害を受けやすいため、国連は、安全・暴力ギャップ（「ジェンダー・セーフティ・ギャップ」）を警告している。[7]コロナ禍の「ステイホーム」の危険性を国連は警告していた。もちろん、コロナ禍に限ったことではなく、日本でも児童虐待や暴力がステイホームのなかで問題になった。

他方、ケアの提供は、主に経済的にみると、一日の時間配分、収入、そして年金額という3つの局面において不平等が、現状では女性に偏って生じる。[8]つまり、1つに、ケア時間の長さの違いである。2つに、そのために市場での労働時間が短くなり、または職業生活が中断するため、得られる収入が不安定低賃金になる。ケアの時間配分による賃金格差は顕著であり、常用労働者の短時間労働者以外の者の比較をした場合でも女性は男性を100とすれば75・2にすぎない。[9]3つに、現役の所得状況は高齢期にも大きな影響を与えるため、労働者として得られる年金額が低くなる（後掲3(1)も参照）。

⑵ ケアと仕事のかけもち、雇用に類似する働き方

① ケア役割のマルチジョブへの影響

育児を担う労働者にジェンダーの相違があり、不平等が生じることは、仕事のかけもちの状況にも示されている。2017年3月「働き方改革実行計画」の1つとして、副業、仕事のかけもちの推進政策がとられ、2022年6月には原則として副業許可制になっている。仕事のかけもちのジェンダー分析が必要であるが、ここでは、連合総研「2022年非正規雇用調査」のみを確認する。現在就いている仕事数が「2つ以上」は、総計10・1%である一方、女性の「配偶者なし・子どもあり」のシングルマザーは17・3%である[10]。例えば、不安定なシフト制により安定した職業生活が見込まれない場合に、失業すれば一層困窮することへの備えとして、別の仕事を増やすことがあるだろう。家庭内に収入のある男性（「父」役割）の不在により、さらなる不安定低賃金の労働に就く必要を生じさせる。安定雇用ではない等のディーセントな雇用条件の欠如、そしてそれにより失業時の保障もない、「ディーセントな失業保障」の欠如のために、マルチジョブを選択することがある。より一般的に言えば、ディーセントな雇用は、ディーセントな社会保障を取得し、ケアも仕事も両立するには不可欠であるということである。

② 従業員のいない単独自営業

マルチジョブの保障が近時の課題になっている背景を、ケア役割と関連させて考えたい。単独自営業には、拡大している「雇用に類似した働き方」も含まれる。連合総研「2022年非正規雇用調査」では仕事のかけもちをするフリーランスは全体として少数であるが（4・7%）、シングルマザーはやや多い（7・7%）[11]。

自営業は、計画的に起業する場合には、自らの責任において実現でき、また同時に適切な、相対的には高額の収入を得られる見込みがある。このような自営業は、継続的な職業生活の選択の観点から展開される。一方、「雇用に類似した働き方」のうち、従業員のいない単独自営業は、当該労働者が経済的事情（不安定雇用または失業のおそれがある等）または生活事情（育児等）のために就かざるをえない状況にある。単独自営業は、熟慮して選択した起業ではなく、〝失業に瀕した〟または〝失業に備える〟生活状況に対応する行為として甘受されることがある。こうした事情に鑑みれば、〝雇用ではない〟という形式的な理由で、失業や労働者のための社会保険制度の対象にしないことは見直す必要がある。

以上の背景からも、育児を担う労働者の生活保障、さらに求職する若者[12]の生活保障には何が必要であるのか、「非正規雇用」の捉え方を再検討する必要がある。

2　ケアへの権利

(1) 子の健康・栄養――ケアを要する者の生活状況

ケア政策は、ケア提供者だけではなく、ケアを必要とする者の権利を促進するものである。独立した権利主体の子ども（健康状態・障害の有無、家族の経済的状態による相違）にも重大な影響が生じている。連合総研「2022年非正規雇用調査」よりコロナ禍の生活への影響をみてみよう。「2022年非正規雇用調査」の家族構成別では、シングルマザーの家族の健康状態の悪化は23・6％である。また、この1年間の家計のやりくりについて、「食費や外食回数を減らした」との回答は、「配偶者あり・子どもあり」の女性に多く（48・0％）、また、シングルマザーも同様に多い（45・3％）[13]。

また、しんぐるまざぁず・ふぉーらむの調査によると、コロナ禍の一斉休校により給食がなくなったことが子の食生活に甚大な影響を及ぼし、「野菜を食べる量が減った」（55・3％）、「インスタント食品を食べる量が増えた」（54・0％）という状況になった[14]。子どもの健康で文化的な最低限度の生活へのアクセス権が侵害された責任は、問われなければならない。

なお、すべての子に、保育を受ける権利がある（子どもの権利条約18条2項、18条3項、28条、憲法25条と26条)。保育所を選択する権利の保障は、仕事と家族の両立を整備する国家の義務でもある(憲法24条2項と25条、27条2項、22条1項)。これを次にとりあげることにしたい。

(2) 無償ケア労働——育児の時間と経済的保障

① 社会保障における両立の支援義務

(i) 保育所サービスの整備義務

家庭での育児の支援も要請されるが、親である労働者が長く仕事を離れることは社会保障においても不利な効果をもたらすため、仕事の継続を支援する社会保障が要請される。親の立場からみると、保育所サービスの整備は、仕事を継続し、年金を受ける権利などの社会保障の権利を取得する必要条件でもある。現状では、保育所の利用を希望し、入所できなかった人は、常勤の4人に1人であり、パートタイム労働者や自営業者の約4割という調査もある。[15]

(ii) 育児休業延長——喪失した所得の賠償を求める権利

育児休業の期間の所得を保障する「育児休業給付金」は、親が仕事に復帰を希望したが保育所の利用ができなかった場合に、給付を受ける期間を延長することができる。しかし、事実上の「待機児童」対策になっていないだろうか。何より親である労働者からすれば、確かに育児休業給付金を得られる場合もあるが、就労できなかった期間の所得を喪失している。したがって、この休業期間で喪失した所得を賠償請求することが考えられる。[16]

(iii) 高すぎる保育料

連合総研「2022年非正規雇用調査」では「保育所・幼稚園利用料の減額・免除」の利用はシングルマザーで16・0%である。[17] 保育料が高く、収入がある場合でも利用が楽ではない。まして安定した収入の見込みがない場合には、そもそも保育所利用が抑制される。保育料について、特別の事情があるものに対し減免できる規定を条例中に定めるべきである。[18]

(iv) ケアの平等

合理的な保育料でなければ、親の経済的状況により民間の保育所でも利用できる世帯と、公立保育所でも利用困難な世帯の子に不平等が広まる。子の教育・保育を受ける状況、健康状態の不平等が広がり、そして、それがさらなる「ケアの不平等の悪循環」(John C.Tronto) を生じさせる。

福祉国家はすべての子に、ベーシックな社会的条件を保障する義務を負う。低所得層や困窮世帯は、保育所に限らず、公的な福祉を利用できなければ、結果として自ら家庭内で対応することになる。しかし、それは親に収入を得るみちを閉ざし、また社会的に交流する機会も減少させ、子どもの発達の機会を喪失させる。子どもの社会保障を受ける権利が事実上、親の社会的経済的な理由により侵害される。親も職業と家庭を両立する機会を失い、しかもそれが女性に偏っているのであれば、親の選択に委ねられるというよりは、事実上の不平等が生じている。

(v) 争う権利の行使

保育を受ける権利が、保育所の申請を承認されなかったために実現しない場合に、その決定をした行政に対し争ったり、あるいは育児休業を延長せざるをえない「損害」の賠償を求めて争ったりすることができる。このような保育所利用が認められなかった判断は、「おかしい!」と、経済的に負担なく争うことも、ワークとケアの両立の条件である。そうでなければ、合理的な保育料での保育所利用も、仕事もともにあきらめ、親が家庭で育児をひきうけざるをえなくなる。「ケアの平等」を実現するには、争う権利の行使が必要なのである。

② ケア時間の再配分——育児休業・育児手当による刺激・促進

例えば、育児時間をパートナー間の平等な配分を助長する制度が考えられる(ドイツ、スウェーデン)。「より長い育児時間を男性に、より長い労働時間を女性に」確保し、時間を配分することが要請される。[19] とはいえ、多くの収入を得ている男性が休業することを躊躇しないようなインセンティブを付与することが、社会保障制度(育児休業給付金)と労働政策(育児休業、パートタイムへの転換権、労働組合の関与)による家庭内ケアの保障に不可欠である。

3　ケアと労働の両立のための社会保障制度

(1) ケア時間を保障する「望ましい社会保険制度」

①「年金の最低額保障」

(i) 公的年金の加入状況と変化

ここでは、「望ましい社会保険制度」(5つ以内)の回答のなかで(図表6-1)、ジェンダー、ケア、そして扶養関係に関するものから、年金・医療保険にかかわる課題と、失業・休業時の保障をとりあげる。

1つめの年金・医療保険にかかわるのは、1位「仕事を休んでも生活に困らない」(53・3%)、2位「年金の最低額を保障」(41・2%)、3位「勤め先が変わっても不利にならない」(34・7%)、6位「扶養で区別されない医療や年金」(26・0%)、そして7位「子どもの看護休暇時の賃金保障」(21・4%)である。

まず、連合総研「2022年非正規雇用調査」により公的年金加入状況を確認するが、その前に年金の2つの異なる制度を確認しておこう。日本の年金制度には、すべての国民が加入する国民年金(基礎年金)があり、定額の保険料を全額支払い、定額の年金が保障されるものに加え、

図表6-1　望ましい社会保険制度（5つ以内選択）

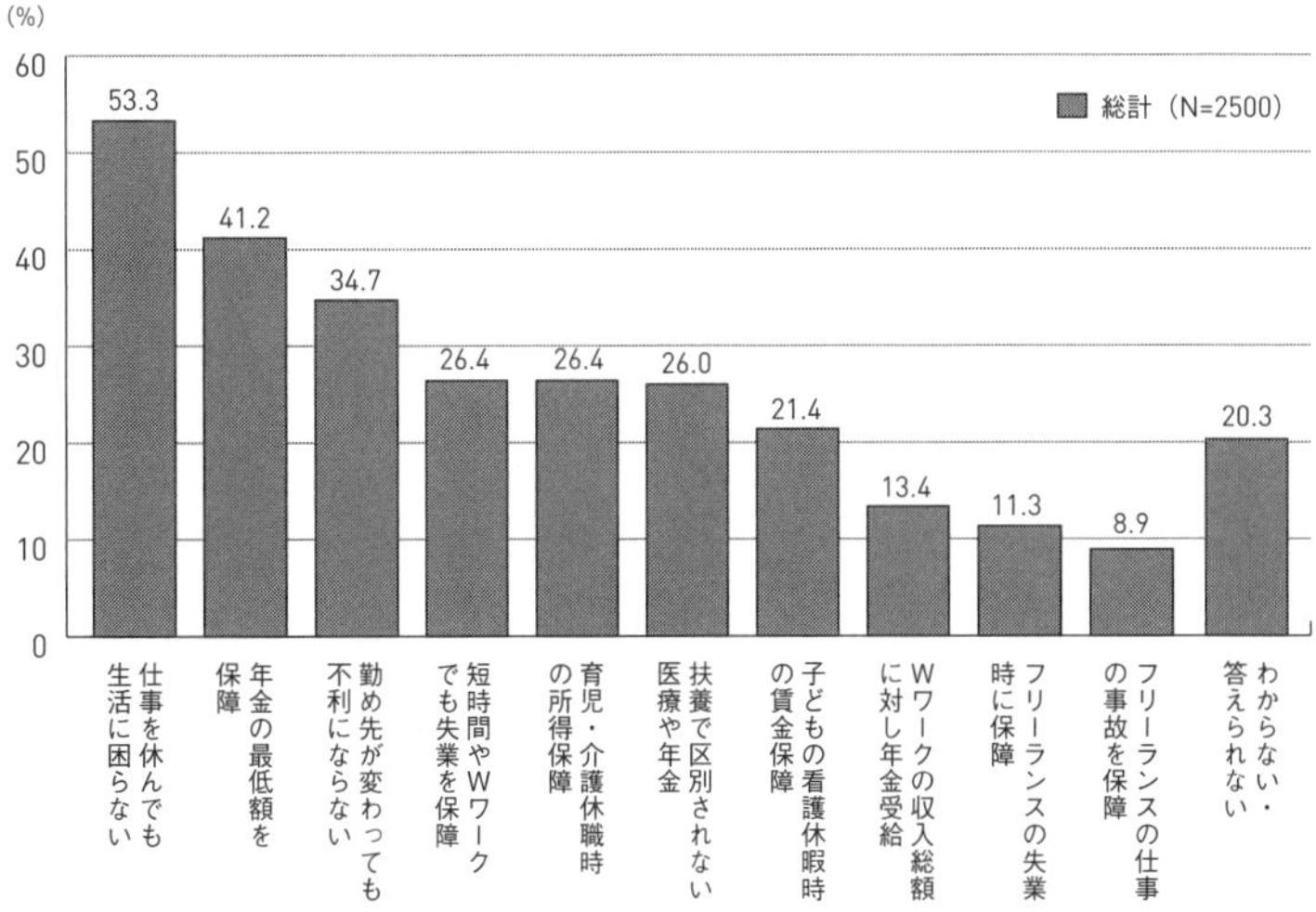

出所）連合総研『2023年調査報告書』37頁。

労働時間や収入により一定の労働者が加入し、賃金により異なる保険料を労使で折半して負担し、賃金に応じて受給額が異なる厚生年金がある。前者の基礎年金は、40年の加入期間がある場合に満額の年78万900円（2023年現在）になる。すべての国民に満額の年金が支給されるのではなく、加入者の保険料を支払う期間により減額される。

　年金の加入状況は、性別・年齢により異なり、男性の51・8％は本人の厚生年金に加入しているが、30代と50代に、国民年金加入で「未納期間がある」と「免除もしくは未払い」を合わせると2割弱も占める。[20]一方、女性は、いずれの年齢層においても「本人の厚生年金に加入している」が3〜4割であるが、「配偶者が加入する年金の

「被扶養者」は40～50代で４割前後と、性差が顕著である。

公的年金および医療保険の適用は、２０１２年法改正（２０１６年10月１日施行）ないし２０２０年法改正（２０２２年10月１日施行）による加入状況に「変化はない」（55・７％）が過半数である。[21] もっとも、「わからない」が若い女性に多く、行政にも労働組合にも情報提供や支援の課題が残る（**第７章**参照）。

法改正（２０１２年、２０２０年）による厚生年金の加入者のうち、以前は「国民年金加入で保険料を払っていた」が45・４％と最多であり、「配偶者が加入する年金の被扶養者」が23・３％、「国民年金加入で未納期間があった」が14・１％であり、多くの労働者が加入できるように厚生年金法が改正したことは重要であろう。

(ii)「年金の最低額を保障」
前述の加入状況下で「年金の最低額を保障」を望む意図には、２つあるだろう。１つに、定額の基礎年金の要件（保険料の支払った期間）にかかわらず、すべての人にある程度の額を保障することである。２つに、賃金に応じた厚生年金額を、一定の額にひき上げて確保することである。順に簡単にみていこう。前者の基礎年金は、加入者に保険料の未払い期間があれば減額される。そのため、年金だけではディーセントな（人間らしい）生活条件にいたらないことへの不安・不満があるため、保険料を支払った期間にかかわらず、一定の最低額の年金を保障するべきだ、という内容であろう。

2つに、賃金により額が異なる厚生年金として最低額を保障するべきだ、という考え方もあるだろう。労働者の年金（厚生年金）の適用対象を拡大するのであれば、公正な賃金は前提になる。連合総研「2022年非正規雇用調査」では「現在の仕事への不満や不安」（複数選択）には、賃金の低さまたは不公平によるものが圧倒的に多く、1位が「ボーナス（賞与）がない・少ない」（40・7%）に続き、「賃金が低い」（36・7%）、さらに「仕事の経験を積んでも賃金が増えない」（25・3%）である。[22] 公正で生活をまもる年金を受ける権利を確立するには、公正な労働条件が不可欠であることを正当に要請している。安定雇用および公正な賃金というディーセントな労働条件を介してディーセントな生活条件を実現することは、労働組合の課題でもある。

(iii) ワークとケアの承認と労働者の「連帯」

家族ケアを担う女性が最低額保障を年金に望むのは、本人が厚生年金に加入しているものの、労働条件（賃金や雇用期間の短さ）や職業キャリアの中断により、年金が低額になる不利が生じるのを、補償することが望ましいということであろう。ここで、想起されたいのが、ケアを理由に、短時間労働に就いた場合や職業キャリアの中断をする場合に、賃金が低くなり、それにより年金額にも「ジェンダー・ギャップ」が生じるという点である（前掲Ⅰ-⑴③参照）。ケアによる年金のジェンダー・ギャップの解消を、年金の最低額保障という形で要請されているのは重要である。

年金は現在のところ40年間の長期間を経て権利が成立するので、育児期間を承認するだけでは年金を受ける権利の解決にはならない。家庭内ケアもワークも両立する、または一時期に行き来をするだけではなく、職場も変わることも多くの労働者に想定される。連合総研「2022年非正規雇用調査」の回答の3位「勤め先が変わっても不利にならない」（34・7%）は、雇用形態では派遣労働者に多く（42・6%）、また60代男性（40・1%）が最多である。[23] 職場により労働時間等の条件が変わり、収入の減少が生じれば、年金もそれ以外の社会保険も、重大な不利益になる。つまり、多くの労働者がケアまたはワークに比較的継続して参加しているとしても、労働時間の短縮または収入の減少が、社会保険に不利に影響を及ぼす。立法論になるが、一定の長期間のワークの時間およびケアの時間をみたす短時間労働者の年金額を、（租税により）一定の額に引き上げることは、労働者の「連帯」により認められるべきである。

② 扶養で区別されない医療や年金

(i) 年金における扶養による区別—第3号被保険者をどう捉えるか

40代から50代の女性の4割前後は「配偶者が加入する年金の被扶養者」である。日本の基礎年金は、配偶者の被扶養者として認められる限度内での収入であれば、保険料を支払うことなく保障される（国民年金法7条1項3号（以下、第3号被保険者）、同法5条7項）（医療も「被扶養者」は独自に保険料を負担せず、家族療養費を受けることができる（健康保険法110条））。一方、被扶養者の限度を超えた収入を得る場合や、扶養関係がない場合には、この資格による年金を受ける権利は成立しない。「扶養で区別されない医療や年金」を望むのは、こうした制度に対する疑いと捉えられる。連合総研「2022年非正規雇用調査」を家族構成別でみると、「扶養で区別されない年金」の要望は、「配偶者あり・子どもあり」の女性に多い（34・4％）。育児も仕事も担っているのに、被扶養者限度額を超えると育児の評価もなく、公平ではないと感じるだろう。

社会保障法では、育児を年金制度や社会への「貢献」と捉え、国民年金法の第3号被保険者に認めることが議論されている。この考え方は、「『扶養による区別』を前提にした育児」を承認するものであり、アンケートの回答はこの考え方に疑いを抱くものともいえる。さらに、第3号被保険者が、ケアを担うすべての者を包含するものではなく、まさに「扶養で区別」する点も問題になるだろう。連合総研「2022年非正規雇用調査」ではシングルマザーが、年金・医療が「扶養で区別されない」ことを望んでいる（22・7％）。配偶関係のない者は、ケアを担っている場合でも、被扶養者の資格を取得しないことに端的に示されるように、第3号被保険者は育児をする「家族」的関係を尊重するのではなく、一定の型による婚姻またはそれに類似する関係に依っているからである。

(ii) ケアとワークによる労働者の年金を受ける権利へ

基礎年金も、医療の家族療養給付も、多数のケア提供者を事実上カバーしているのは確かであるが、直接にケアの行為・期間を対象にすべての人を捉え、ケアを尊重するものではない。連合総研「2022年非正規雇用調査」の回答では「扶養による区別」への疑問が上位を占めたことは、見過されてはならない。現行の社会保障法制度は、ジェンダー不平等を内在化しており、もともとは労働者の年金は男性正規労働者のための年金であり、家計維持責任を負う男性労働者に扶養される女性に（扶養による区別）、家庭内ケアを担う役割を負うことを組み込んでいる。

「扶養で区別されない」で、育児による「貢献」を承認する、しかも最低額を保障する年金を受ける権利を確立するのは、どのような方法だろうか。育児による「貢献」を承認し、基礎年金を受ける権利を確立するのは適切な方法ではない。というのも、特に育児が女性に偏っているため、女性には一定額の基礎年金だけを、男性にはさらに収入に基づきより高い厚生年金も成立するのであれば、性による年金格差が事実上正当化されるからである。これを避けるには、就労している労働者が育児を担う場合には、労働市場でのワークも、家族内ケアもともに厚生年金法上の同価値の行為として承認し、労働者の年金額に上乗せすることが考えられる。

(2) 一時的な仕事の中断による生活保障

① 女性のマルチジョブの失業保障（雇用保険）および妊娠・出産期間の保障（医療保険）

ここでは、失業・休業等の生活の不安定への対応にかかわり、回答の4位「短時間やWワークでも失業を保障」（26・4％）、同率4位「育児・介護休職時の所得保障」（同）をみていこう。

仕事を複数かけもつ労働者に、労働災害の補償は拡大している（労働者災害補償保険法7条1項2号）。さらに、失業保障等を定める雇用保険法では、高年齢者が複数の仕事のうち1つを喪失した場合も、所得を保障している（雇用保険法37条の5）。不安定な仕事をするすべての労働者への失業時保障が課題になる。総計数は少ないが、連合総研「2022年非正規雇用調査」では、ダブルワークをするのは、18歳以下の子がいるシングルマザーで比率が高く（前掲Ⅰ(2)参照）、「ダブルワーク・副業等を含む仕事全体の、11月の1週間あたりの実労働時間」をみると、35時間以上が4割を超えている（43・9％）。[24]これには雇用保険法が週20時間未満の短時間労働者を適用除外することも影響しているだろう。というのも、20時間未満のパートタイムでは失業時の保障制度が適用されないため、失業に備えて仕事のかけもちをするからである。

さらに、複数の仕事をする場合に、主には雇用される者が、雇用に類似した仕事につくことも増えている。雇用に類似した働き方は、形式的には自営業であるため、雇用保険は適用されないが、これにも適用を拡大する必要がある。「2022年非正規雇用調査」の「主たる仕事以外の仕事（ダブルワーク・副業の仕事）の就業形態」は、総計が「フリーランス」（4・7％）と「自営業・内職」（4・3％）を合わせ、約1割弱であるが、増加が見込まれる。[25]

また、マルチジョブだけではなく、雇用と自営業が流動的であり、長い職業生活において組み合わせ（ハイブリッド化と呼ばれる）が頻繁に変更されることがある。ケア期の労働者の生活の浮き沈みを支えることは喫緊の課題である。

②「育児・介護休職時の所得保障」

(i) 妊娠・出産、育児による休業時の生活保障

育児に関する休業時所得保障をとりあげる。妊娠・出産および育児による収入の減少を雇用保険法がカバーするが、育児により仕事を一時的に中断するすべての人には適用されない。それは、まず、雇用保険法が週20時間未満の短時間労働者を適用除外することによる。雇用保険法が適用される労働者には、育児休業の開始後１８０日間につき、休業前の賃金の67％、その後は50％が保障される（雇用保険法61条の7第6項）。

さらに、妊娠・出産による仕事の中断時に、すべての女性を平等に経済的に保障することが必要であるが、次の点に女性間の不平等がある。１つに、労働者と類似した、契約当時者間の交渉力に差がある状況下で稼得労働を行っている場合でも、非雇用者に産後休業保障が欠如しており、出産に関わる、健康に生きる権利の不平等である。２つに、養育を主に女性が負う場合に、休業時の所得保障がないのは、出産・育児により事業継続が困難になりやすく、自営業者間の男女不平等である。総じて稼得労働（雇用および自営業者）における平等、すべての者の家族生活の平等な支援（憲法24条2項、25条）が要請される。

(ii) 父の出生時育児時間の保障

父のケア時間保障として父の出生時育児時間の保障は、母の健康保護と並んで、出生後の親子関係の形成に良い影響を与えるため、国際的な課題である。育児介護休業法2021年改正は、いわゆる「産後パパ育休」制度を創設し（2022年10月1日施行）、子の出生後8週間以内に4週間まで出生時育児休業は無給であるが（育児介護休業法9条の2第1項）、雇用保険法により休業前賃金の67%が支給される（雇用保険法61条の8）。「必要な労働法」の10位「産前産後休職中も賃金が支払われる」（15・4%）[26]と上位ではないのは、そもそも雇用保険法改正による「産後パパ育休」も周知されていないのではないか。周知のうえで、さらに賃金として保障するのか、それとも雇用保険が保障するべきか、今後の労働組合の取り組みにも期待したい。

(iii) 労働時間の短縮による収入減少

育児「休業」ではなく、就労継続のために、ケア時間の確保のための時短勤務（育児介護休業法23条）がある。だが、これによる収入の減少に対し、使用者が賃金を支払う義務は定めがないため、当事者間での合意がない場合には無給であり、雇用保険法にも定めがない。ケアのための時短勤務による減収は、ケアの引き受けに起因するものであり、公的な保障をするべきである。女性への養育負担の偏重を避けるためにも、育児期の男女労働者に労働時間の下限＝最低労働時間枠の設定が必要になる（**第7章**も参照）。

おわりに

ケア時間を確保し、短時間労働につく女性の多くは独自の社会保障の権利が成立しない、アウトサイダーとして扱われてきた。「労働市場が母に対して罰を与えること」（「ケア・ペナルティ」）がコロナ禍に顕著になった。仕事とケアの両立を可能にする、独自の社会保障の権利を保障する責任が国家に問われている。一方、子どもも、家族のなかでライフタスクが異なるため、個人の基本的権利を促進するベーシックな条件が必要である。「ケアを保障する国家」は、社会保障を受ける権利主体である子どもに、健康で文化的な最低限度の生活に、平等にアクセスすることを保障しなければならない。

注

1 連合総研『2023年調査報告書』56頁。本章では、以下、調査対象者総計2500人の集計値を用いて述べる。

2 連合総研『2023年調査報告書』84頁。

3 連合総研『2023年調査報告書』84頁では家事を80％以上分担する女性は「配偶者あり」で51・2％である。

4 連合総研『2023年調査報告書』86〜87頁。

5 「しんぐるまざぁずふぉーらむ　インタビュー概要」連合総研「インタビュー概要」17頁。前田正子・安藤道人『母の壁』(岩波書店、2023年) 196頁も参照。

6 内閣府男女共同参画局『2021年版男女共同参画白書』25頁 (I-特-24図)、前田・安藤・前掲注5・181頁、コロナ禍のクラス閉鎖や休園―保育の壁について、同書184頁以下。

7 UN,In-Depth Study on All Forms of Violence against Women: Report of the Secretary-General, UN GAOR, 61st Sess., UN Doc. A/61/122/Add.1 (2006). 国連の障害者の権利のための条約でも障害のある女性、障害のある子どもに対する定めをおき、性と年齢による不平等の解消を定める。

8 上田真理「稼得労働の『非標準化』とケア労働」東洋法学67巻1号 (2023年) 80頁以下。

9 浅倉むつ子『新しい労働世界とジェンダー平等』(かもがわ出版、2022年) 42頁以下。内閣府男女共同参画局『2022年版男女共同参画白書』131頁。

10 連合総研「2022年非正規雇用調査」による。連合総研「インタビュー概要」16頁も参照。

11 連合総研「2022年非正規雇用調査」による。

12 「NPOそだて上げネット　インタビュー概要」連合総研「インタビュー概要」18〜19頁も参照。

13 連合総研「2022年非正規雇用調査」による。

14 しんぐるまざぁず・ふぉーらむ&シングルマザー調査プロジェクト「新型コロナウイルス　深刻化する母子世帯のくらし」(2020年10月20日) 21頁。連合総研「インタビュー概要」17頁も参照。

15 前田・安藤・前掲注5・37〜38頁。

16 木下秀雄「『保育』施設未入所について損害賠償を命じたドイツ連邦通常裁判所判決―日本法に示唆するもの」田村和之ほか『待機児童ゼロ』(信山社、2018年) 75頁以下。

17 連合総研「2022年非正規雇用調査」による。

18 田村和之「補論　新保育制度における保育所保育料制度」田村ほか・前掲注16・127頁。

19 上田・前掲注8・90頁。

20 連合総研『2023年調査報告書』33頁。

21 連合総研『2023年調査報告書』34頁。

22 連合総研『2023年調査報告書』29頁。

23 連合総研『2023年調査報告書』38頁。

24 連合総研『2023年調査報告書』28頁。

25 連合総研『2023年調査報告書』20頁。

26 連合総研『2023年調査報告書』57頁。

第Ⅲ部

非正規雇用労働と社会保障・労働法制

第7章　ディーセントな生活を支える社会保障の課題

上田　真理

はじめに

コロナ禍に日本では社会保障が活用されていない。また、休校に伴う補助金も生活を支えるものではなかった。だからこそ、現状を問うことから始め、社会保障がどの方向に向かうべきなのか、本章で考えたい。現行の法制度を廃止し、定額の給付金を一人月額10万円が得られると、すべての人のニーズが満たされるのか。答えは「ノー」であろう。家庭内の安全にジェンダー・ギャップがあれば、すべての人に定額給付金もベーシックな現金給付も現実には届かない[1]。また、病気や障害、高齢により日々の生活が他者のケアを要する状況であれば、定額の給付では尊厳に値する生活を享受できない。本章では、連合総研「2022年非正規雇用調査」を確認し、ディーセントな〈人間らしい〉生活を支える社会保障の機能を考えたい。

1　社会（的）保障制度の利用状況

(1) コロナ禍の社会（的）保障制度の利用

① コロナ禍の制度

(i)「新型コロナウイルス感染症対応休業支援金・給付金」受給の有無

休業支援金・給付金の申請者は全体の12・4%にとどまる。[2]「休業していない労働者」が最多であり（66・7%）、特に女性労働者に多い。だが、「休業したが受給しなかった」は全体の6・8%であるのに対し、家族構成別でみると、子（18歳未満）のいる女性は、「配偶者あり」（21・9%）、「配偶者なし」（34・7%）ともに多い。[3]

子の休園・休校時の支援金・給付金も非正規雇用労働者、特にシングルマザーには利用困難であった。[4] だが、コロナ禍に労働時間が減少したのは、シングルマザーに多い（22・4%）。労働時間は減少したが、支援金・給付金はほぼ利用されなかったのが現状である。

(ii) 緊急小口貸付制度（緊急小口資金および総合支援資金の特例貸付）の利用

生活に困窮した場合に活用が促進されたのは、生活保護を利用する前にある、貸付金制度であった。連合総研「2022年非正規雇用調査」では社会福祉協議会の貸付の利用者は8・6％であったが、インタビューにより現状を確認した。[5] 償還期間の生活状況自体の確認が不可欠であり、貸付金の償還要件の緩和も検討が必要である。[6]

② 恒常的な社会保障制度の利用

(i) 生活保護の利用、(ii) 児童扶養手当の受給、(iii) 就学援助制度等の利用を順に確認しよう。

(i) 生活保護の利用

連合総研「2022年非正規雇用調査」では「受給・利用している制度」として「生活保護制度」は全体の0・8％と極めて少ないが、18歳以下の子どもがいるシングルマザーは13・7％である。[7]「生活保護制度」の利用には親族扶養の調査があることや、自動車保有が原則としてできないことが利用のネックになる。だが、コロナ禍の生活危機にあっては特別な対応により最低生活を保障する要請は一層高まったはずである。コロナ禍という国内外の共通の苦難を経験し、国によっては収入や資産調査をほぼ行わないという寛容さも示されている。日本の最低生活保障制度が機能しなかった責任は極めて大きい。最低生活保障制度は、法政策が仕事および家族に重大な影響を及ぼすなかで、国による相違を鮮明にした領域である。

(ii) 児童扶養手当の受給

「受給・利用している制度はない」が全体の6割を超えるが(65・9%)、「受給・利用している制度」としては、「児童扶養手当」の受給者は、「総計」9・6%、「女性計」11・7%である。家族構成別にみると、18歳以下の子どもがいるシングルマザーの約8割は「児童扶養手当」を受給している。[8]

(iii) 就学援助制度など

注目されるのは、シングルマザーの利用が、「就学援助制度」(22・7%)、「保育所・幼稚園利用料の減額・免除」(16・0%)、「医療機関にかかるための制度」(10・7%)、「社会保険料の減免」(8・0%)に示されるように、他の層に比べて多いことである。[9] これらの制度は、生活保護基準を基に利用の対象を設定し、困窮しないように支えるものである。例えば、「就学援助制度」は、「準要保護者」を対象に、生活保護を基準に、1・2倍などと自治体により定められている。同様に「社会保険料の減免」は、医療(国民健康保険)保険料は高いが、申請により減免が可能であり(国民健康保険法77条、地方税法717条)、対象を、生活保護を基準に、1・5倍未満などと収入限度を定める。医療機関にかかるための制度にはいくつかあるが、治療を受けた際に病院の窓口で支払う一部負担金が減免され、生活保護の基準を用いて1・2倍以下の収入は免除などがある(国民健康保険法44条)。

非正規雇用労働者のシングルマザーで家計維持責任を負う場合に、社会的にも経済的にも不利な立場にあり、コロナ禍の精神的ストレスの高さも際立っている。[10] これまでの労働法や社会保障法が、家計維持責任を男性正規労働者が担い、女性が市場で労働している場合でも家計補助的でしかなく、家庭での不利な役割を付与するという家族モデルをつくってきたからである。家族生活のスタンダードとされる二人親でなければ、ある程度の生活が困難になるような制度設計は、中高年の単身女性の生活にも不利を生じさせており[11]、見直しが要請される。

さらに、シングルマザーが「受給・利用している制度」では最多である「児童扶養手当」は受給過程をめぐり、課題が多い。[12]

③「居住貧困」への対応

インタビューから必要性が明確になったのは、住宅費の保障であり、対象は困窮世帯にとどまらないことである。特に都市部の家賃が高いことが、居住環境だけではなく、就労条件の問題にもなる。というのも、就業場所の確保は、コロナ禍およびアフターコロナの在宅ワークを求める権利に不可欠だからである。[13] 住宅手当の公的な保障のニーズは、在宅ワークを可能にする居住環境としても拡大している。こうした観点からも、労働者の就労条件として在宅ワークと、家庭生活に適した住居環境の整備を労働組合も関与することが必要になっている。

(2) 労働時間数と配置、そして家計維持責任者の「父」不在の生活状況

① 労働時間からみた課題

2022年の「主たる仕事の11月の1週間あたりの実労働時間」は、男女総計では「20時間未満」(30・5%)、「20時間以上30時間未満」(23・0%)を合わせると、過半数が30時間未満である一方、「フルタイムに近いパートタイム」(週35時間以上40時間未満)は、3割を超えている(36・5%)。[14]「フルタイムに近いパートタイム」を性別でみると、男性は過半数を占めるが(54・0%)、女性は29・8%と相違が大きい。

さらに女性の「フルタイムに近いパートタイム」は家族構成により相違があり、未就学児(6歳以下)のいる女性は、確かに「20時間未満」が最多であり、「配偶者あり」(38・7%)、「配偶者なし」(31・3%)に関係ない。「20時間以上30時間未満」は、「配偶者あり」(31・4%)、「配偶者なし」(18・8%)と続く。だが、注目したいのは、「35時間以上40時間未満」の「フルタイムに近いパートタイム」に、「配偶者なし」の女性の割合が高くなっている点である(21・3%)。「比較的長めのパートタイム」は、「配偶者あり」が「30時間以上35時間未満」(6・6%)と、「フルタイムに近いパートタイム」の「35時間以上40時間未満」(10・9%)を合わせると17・5%であり、「配偶者なし」は「30時間以上35時間未満」(18・8%)と、「35時間以上40時間未満」(18・8%)を合わせると37・6%になり、後者がほぼ倍である。つまり、未就学時のいるシン

図表7-1　主たる仕事の11月の1週間あたりの実労働時間（残業を含む）（家族構成別集計）

	20時間未満	20時間以上30時間未満	30時間以上35時間未満	35時間以上40時間未満	40時間以上45時間未満	45時間以上50時間未満	50時間以上60時間未満	60時間以上	無回答	件数
総計	30.5	23.0	10.1	15.4	13.1	3.1	1.8	3.1	…	2500
男性計	**16.0**	18.9	10.1	19.8	**21.8**	6.4	3.2	3.8	…	656
配偶者あり計	**11.0**	**14.4**	8.5	19.9	**29.7**	6.8	4.7	5.1	…	236
配偶者・正規	**24.1**	20.7	6.9	**10.3**	**31.0**	6.9	…	…	…	29
配偶者・非正規	**10.9**	**11.9**	11.9	18.8	**28.7**	6.9	3.0	7.9	…	101
子どもあり計	**10.2**	**13.3**	10.2	19.4	**29.6**	**9.2**	4.1	4.1	…	98
子どもなし計	**11.6**	**15.2**	7.2	20.3	**29.7**	5.1	5.1	5.8	…	138
配偶者なし計	**18.8**	21.4	11.0	19.8	17.4	6.2	2.4	3.1	…	420
子どもあり計	**50.0**	**50.0**	…	…	…	…	…	…	…	2
子どもなし計	**18.7**	21.3	11.0	19.9	17.5	6.2	2.4	3.1	…	418
女性計	**35.6**	24.6	10.1	13.7	10.1	1.9	1.2	2.9	…	1819
配偶者あり計	**43.4**	26.8	8.8	**9.5**	**7.3**	1.1	0.8	2.4	…	1171
配偶者・正規	**45.3**	27.7	8.8	**8.4**	**5.9**	0.9	0.4	2.4	…	746
配偶者・非正規	**42.9**	20.0	9.5	14.3	10.5	1.0	1.0	1.0	…	105
子どもあり計	**42.6**	**29.0**	9.6	**9.4**	**5.2**	0.5	1.1	2.6	…	648
(6歳以下)	**38.7**	**31.4**	6.6	10.9	**7.3**	…	…	5.1	…	137
(7～18歳以下)	**44.0**	**30.0**	10.8	**7.4**	**4.6**	0.6	1.2	1.2	…	323
子どもなし計	**44.4**	24.1	7.8	**9.6**	9.8	1.9	0.4	2.1	…	523
配偶者なし計	**21.5**	20.7	12.5	**21.3**	15.1	3.2	2.0	3.7	…	648
子どもあり計	28.0	22.7	**17.3**	16.0	12.0	2.7	…	1.3	…	75
(6歳以下)	31.3	18.8	**18.8**	18.8	**6.3**	…	…	6.3	…	16
(7～18歳以下)	**37.0**	22.2	**18.5**	**7.4**	11.1	3.7	…	…	…	27
子どもなし計	**20.6**	20.4	11.9	**22.0**	15.5	3.3	2.3	4.0	…	573

※太字数字は「総計」より5ポイント以上少ないことを示す
※薄い網かけ数字は「総計」より5ポイント以上多いことを示す
※濃い網かけ数字は「総計」より15ポイント以上多いことを示す
出所）連合総研「2022年非正規雇用調査」による。

グルマザーは、週「30時間以上35時間未満」の「比較的長めのパートタイム」が2割弱を占め、「35時間以上40時間未満」の「フルタイムに近いパートタイム」も2割弱を占める。これを踏まえ、2つの課題をあげておこう。

1つに、「比較的長めのパートタイム」の収入と、育児のための（親時間）を保障する新たな社会保障制度がともに成立するのであれば、ひとりで子を育てることが現在よりも平等になるのではないか。2つに、配偶者の有無を別に、ある程度の時間を女性が就労することを保障する条件として、労働時間の量（週労働時間数）だけではなく、同じ時間数でも午前を中心に配置する、または学校生活と調和できる配置にする（例えば9時から15時）ことが重要になる。しかも、労働市場に参加する親（現状では「母」）を個別に対象にするのではなく、男女平等の実現に向けた、集団が取り組む課題になるのではないか（後述）。というのも、ある程度の収入を得るには、「比較的長めのパートタイム」に就く必要性が生じ、それにより独立した労働者として年金を受ける権利も、また育児休業の保障も、ある程度の額が見込まれ、ディーセントな（人間らしい）生活条件の交渉が重要になるからである。その点では、子のいる男女労働者が、ともに親として育児の時間を取得するために一時的に短時間労働に移行するのであれば、労働時間として週30時間程度が基準になるだろう。

② 「父」不在家族

従来、男性が正規雇用につき、市場で得た収入をもとに家庭では育児または介護を女性が無償で担うシステムであった。日本では1980年代半ばには、やや修正され、家庭内の仕事だけではなく、家計を補助するパートタイム労働につく、家計補助責任が既婚女性に加わった。それは、若者の教育期間が長くなり、教育費が家計を圧迫することも影響している。次世代育成の負担および費用、さらに労働者自身の翌日の仕事に向けた家事労働の費用も、私的な領域に主に委ねられている。つまり、労働者家族が「努力」する領域には国家が「介入」せず、生活を公的に保障する余地が極力生じないシステムが形成されたといえる。

だが、現実はどうだろうか。核家族とよばれる形態をとるのは、個人のライフステージにより異なる。[15] 次世代を含む家族全員の生活ニーズを満たす収入を得る「父」が不在の場合も（ひとり親や、父の失業または低収入等）めずらしくない。配偶者・子もいる「父」の収入が世帯収入の半分を下回るのも少なくないことからも明らかである。[16]

伝統的な家計維持責任者の「父」不在の家庭（ひとり親）ならびに失業・低賃金不安定雇用により不利な状況にいる家庭、社会の障壁により職業生活、保育・教育への参加、社会参加が困難な人々は、拡大している。これらを私的な事柄として家族にのみ委ねるのでは機能しない。「2022年非正規雇用調査」では、コロナ禍のやりくりでも、シングルマザー世帯は、「衣服や靴の購入を控えた」は際立って高く（64・0％）、「食費や外食回数を減らした」（45・3％）という状況であった。[17] 成人は仕事も家族生活も平等に両立でき、子は必要な社会保障を受け、教育・保育の平等な機会を保障されることは、なお課題のままである。

2　一時的な収入の減少時のディーセントな生活保障――望ましい社会保険制度

(1)「仕事を休んでも所得が減らない」

連合総研「2022年非正規雇用調査」の「望ましい社会保険制度」の質問に、「わからない・答えられない」(20・3%)が2割も占めるのはやはり課題であるが、回答の最多は「仕事を休んでも生活に困らない」(53・3%)であった。さらに、「年金の最低額を保障」(41・2%)に続き、「勤め先が変わっても不利にならない」(34・7%)、「短時間やWワークでも失業を保障」(26・4%)となっている(前掲**図表6－1**参照)。特にダブルワークをする非正規雇用労働者がシングルマザー世帯に多い(17・3%)[18]ことからも、その必要性は明らかである。

仕事を休んでも一定の生活が可能になるには2つの制度化への期待が考えられる。1つに、病気休暇・傷病手当金や、妊娠・出産に伴う休業、育児・介護休業期間の所得保障がすべての労働者に確立することである。2つに、病気や失業により親が十分に家計を維持できないこともあるため、そうした親をもつ子の権利として、すべての子に保障することである。親の社会的および経済的状況にかかわらず、すべての子どもに基礎的な所得保障が考えられる。

子どもの生活時間との調和からすれば、ある時期に「比較的長めのパートタイム」に親が就くことが想定される。そうすると、パートタイムの収入だけではなく、まず、子どもの「健康で文化的な生活を営む権利」を保障する社会保障制度が新たに必要になろう。そして、子の教育の平等な機会を確保する保障も必要である。加えて、親に、就労する場所も時間も真の意味において自由に選択する権利を保障するには、在宅ワークも可能にする住宅環境の整備も公費で保障することが要請される（前掲Ⅰ-⑴②）。すなわち、従来の労働者のスタンダードであれば、労働者の社会保険により主に生活の変動を捉えてきたが、これに加えて、子の社会保障を受ける権利や、親の両立のための諸条件の保障が、社会保障法では新たに必要になる。最後に、これまでの福祉政策が、伝統的なスタンダードでは、保育を受ける権利でさえ、すべての子になお確立していない。職場や家庭生活に変化に応じて、保育を受ける権利の確立なども、福祉政策の充実が一層要請される。

⑵ 働き方の変化への対応

「勤め先が変わっても不利にならない」や「短時間やWワークでも失業を保障」は、長い職業生活において勤務先や労働時間の変更が生じることに、社会保障法が適切に対応することが要請されているといえよう。

働き方も家族生活も、人の生活においては様々な出来事に対応し、職場の変更も、また短期間の失業もめずらしくない。でも、従来の社会保障制度では、男性がフルタイムの正規労働者として家計を支え、配偶者は家計を補助する仕事をしながら育児または介護も担うのが標準とされてきた。そのため、特に長期間の加入を前提に、定年後の老齢期に、労働者家族に対して一定の水準の年金を保障する仕組みになっている。だが、配偶者も子もいる家族生活は人により異なるだけではなく、人は様々な事情からシングルになることもある。[19] そうすると、社会保障制度において、労働者家族のスタンダードとされた働き方や家庭生活の形態を変更することが求められるのではないか。働き方を自由に選択し、自己の希望にそって家族を形成する自由は、すべての人に平等にアクセスすることが保障されなければならないからである。

一度就職したからといって同じ職場で継続して働くとは限らない。社会保障法、とくに労働者の社会保険では、職場が変更した場合でも、労働時間が週20時間を超え、契約期間が1か月といった短いものでなければ、失業時の保障も、病気による休業時の保障、年金も適用対象になる。ただし、実際に受給するには、失業時の保障であれば、一定の期間のうちに1年間の加入期間が必要であり、老齢厚生年金であれば、40年間の加入期間がモデルになっているので、最低限度の労働時間数として週20時間労働であり、期間の定めがないことが制度上も求められている。そのため、採用または転職に際して、社会保険の権利を取得できる労働条件、例えば、週20時間などの最低限度の週労働時間であること、期間の定めがないことは、個人では対応が困難であり、労働者の声を集める集団の労働組合に期待される。

(3) ディーセント・ワークを介したディーセントな社会保障

以上から、労働時間は、社会保障の権利にも重要であり、1つには、労働時間の下限を設定し、最低の労働時間を確保する量の問題であり、いま1つには、その合意した時間内で指揮命令権による配置である。こうした安定雇用によるワークの保障により、ディーセントな失業や休業の生活条件が確保される。

社会保障を受けることは、稼得活動と対立するものでもないし、それを妨げるものでもない。例えば、失業時の保障があるからこそ、低賃金でもすぐに仕事につくのではなく、より適した仕事を選ぶ時間をもつことができる。仕事を選ぶ時間を、雇用保険法がつくりだし、ある程度の所得が保障される、適切な賃金および安定雇用が必要になる。こうしたディーセント・ワークが、適切な失業保障を可能にする。

最後に、労働者が必要な労働法や望ましい社会保険制度、そして職場や家庭生活の様々な変化に新たに対応するには、労働者の声を集め、労働者を代表するアクターである労働組合への期待が強まっている。以下、これをとりあげていこう。

3　労働組合の関与・支援

(1) 労働組合の関与

① 集団

(i) 仕事の継続への社会保障の課題

連合総研「2022年非正規雇用調査」によると、「必要な労働法」は、総計では「フルタイムとパートタイムを行き来できる」(30・1%)についで、「月の最低限の労働時間が保障される」(26・2%)である。[20] この〝最低保障時間〟への希望は「配偶者なし」女性に特に多い(36・2%)。[21] これらの上位2つは、労働時間に関するが、同時に収入にもかかわる事柄である。まず、1位の「フルタイムとパートタイムを行き来できる」権利は、社会保障法の重要な課題も示唆する。就労を継続したいが、私生活における変化により時間を変更するのは、健康上の理由や、家族事情によるだろう。社会保障法では、労働者が何を理由に一時的に仕事を休業するのかにより、その期間の保障が異なり、例えば、労災や私傷病による保障(労働者災害補償保険法、健康保険法)または育児介護による休業保障(雇用保険法)が対応している。だが、休業ではなく仕事を継続する人が、他でもない、育児または介護という社会的に意義のある「労働」も担うことにより（パートタイムへの転換等）、収入が減少する場合の一時的な保障制度こそが、社会保障や労使関係にいま問われているのである（**第6章**参照）。ケアを理由とするパートタイムへの転換権の行使を、社会保障制度がどのように支援するのかは、重要な課題である。

(ii) 労働時間の配置をめぐる交渉と集団の意義

労働時間の枠組みは、1週間に何日間労働するのか（就労日数）と一日8時間または週40時間内での上限の枠が定められ、その範囲でより短い日数・労働時間を決めることが可能である。フルタイムからパートタイムに変更する際には、労働時間の短縮だけではなく、その配置が重要になる。例えば、子のいる労働者が、週5日間、30時間労働を希望する場合に、両立に必要になるのは、子どもの生活時間との調和である。労働者は子が帰宅する15時に合わせたシフトでの勤務を希望する場合には、労働時間の短縮や長さだけではなく、むしろ配置、つまり就労開始・終了時刻の設定（9時から15時など）も重要な要素になる。労働者個人の対応によるだけではなく、生活と調和する、労働時間の配置を労働組合が交渉によりつくることが期待される。立法の制定への要請はもとより、労働組合の関与は、労働者が一日24時間の使い方を自ら決定する「時間主権」が必要になる。

(iii) 最低労働時間の確保

前述の内容は社会保障法の課題も示唆している。というのも、週20時間に満たない短時間労働であれば、傷病手当金、育児・介護休業、失業保障、そして労働者の年金もそもそも適用されない（健康保険法3条1項9号、雇用保険法6条1号、厚生年金法12条5号）。そこで、フルタイムから転換する場合や、シフト制で働く労働者に、最低限の労働時間として週20時間が、社会保障の権利を取得する1つの基準になる。

労働組合が、シフト制労働者が働くことができる最低限度の時間（以下、最低保障時間）の確保に取り組むことに期待したい。失業時の所得保障を例にあげると、シフトが定まっていない場合には、雇用保険法が適用されるのかは、過去の勤務実績に基づき算定される平均の所定労働時間によっている。行政実務では、雇用契約書等により1週間の所定労働時間が定まっていない場合やシフト制などにより直前にならないと勤務時間が判明しない場合については、勤務実績に基づき平均の所定労働時間を算定する。短期の勤務実績では不適切な場合もあり、また契約解釈によるだけでは「就業者」の失業保障に漏れが生じる可能性もある。契約当事者が労働時間を定めていない場合には、最低保障時間として「週20時間労働とみなす」定めが考えられる（ドイツでは「オンコール（呼出し）労働）」について労働時間の下限を定める（パート・有期労働契約法12条1項3文））。

②ケア職の労働条件および生活条件の改善

(i)介護職を例に

介護職の労働条件の改善により、介護ケアを要する人の生活を向上することは喫緊の課題である。介護職は、労働時間が不確定であるだけではなく、そもそも雇用形態も不明確な場合があるが、裁判所は、労働契約ではなく業務委託契約が締結されていたケースについて、シフト表に基づく勤務であり、業務委託契約ではなく労働契約の成立を認めている[22]。業務遂行の指揮命令や、就業場所、就業時刻、その長さ、配置について指揮命令・コントロール下にあったのかを考慮すれば、シフト制は、まさに労働時間の拘束が明らかであり、雇用保険だけではなく、社会保険法上は「使用」されている「就業者」である。

(ii)在宅ケアワーク

在宅ケアワークは、家庭内のケアを外部化し、低賃金、不安定な働き方になる労働政策が進められた。日本に限らず、有償ケア労働は「女性の職業」とされ、特に高齢者ケア労働の職業資格付けが不十分であり、インフォーマルな労働として、労働法にも社会保険にも守られない働き方であった。

高齢者介護に携わる労働者は、中高年女性が多く、また労働組合にも加入していないことも多い。時間および場所を選択できる「柔軟な働き方」には、「ディーセントな生活条件」を伴うことが前提であり、福祉国家は諸条件を保障する義務を負う必要がある。現在、中高年女性の訪問ケア労働者（ホームヘルパー）の労働条件や労災補償が裁判で問われている。[23]労働基準法の適用が除外され、労災保険も家事労働について考慮されないことが争われている。ホームヘルパーは、労働時間がゼロになることもある、「非定型的パートタイムヘルパー」と通達で定められている。[24]ホームヘルパーの移動時間への賃金支払いに労働組合が早期に取り組む例もある。[25]さらに、時間の使途の選択のためには、労働する時間が予測可能であり、また少なくとも働くことができる時間（最低保障時間）が確保される必要がある。施設介護労働者には「インターバル制度」も必要であり、総じてケア労働者の労働条件の改善には労働組合の関与が不可欠である。

③一定期間の職業教育訓練

若者や失業・無業者に、[26]安全に継続的に職業生活への架橋となる機能を、有期雇用が果たすことはできないだろうか。一定の期間を定めて資格取得・業務の必要な能力の獲得の教育を行い、その期間も労働者のための社会保険法（労働者災害補償法、雇用保険法、厚生年金法、健康保険法など）を適用することが今後検討されるべきではないだろうか。資格取得や必要な職業教育を受け能力を獲得する期間も、社会保障が守る関係をつくることにより、安全に公正な雇用への移行を可能にする。加えて、そうした教育訓練期間の終了後に、安定雇用の条件である、原則として無期雇用が要請される。これらの諸条件につき労働組合と使用者が交渉する。そうしたモデルを業界として推奨することが可能であろう。[27]

(2) 社会保障制度の利用を促進する援助・情報提供

① 労働組合による周知

社会保障制度は改正により変化が少なくないため、公的年金の加入状況が不明である、あるいは法改正を知らなかったなど、労働者ひとりだけでは十分な情報が欠け、制度を活用できないことが生じうる。労働組合の労働者への援助・情報提供が不可欠になる。労働組合は社会保障に関心をもち、情報を労働者に提供する義務もある。公的年金などの社会保険の適用拡大に際し、労働組合の支援の有無等を、「2022年非正規雇用調査」で尋ねたところ、労働組合の「情報提供や支援を受けた」もある程度（24・2％）は高いが、そもそも「対象であることを知らなかった」が最多であり（41・1％）、「情報提供や支援はなく自分で調べた」（8・5％）という状況である。[28]労働組合により取り組みに相違があることによるのだろう。

② 権利行使を援助する義務

社会保障制度は複雑である。その分、行政には情報提供や、利用者に親切に適時に援助を行う義務があるのはもとより、労働組合も労働者に近い立場から、社会保険に加入が困難な局面で、手続を促進する機能を果たすことが強く求められ、すでに先駆的な取り組みもある。[29]例えば、最近では、雇用なのか、自営なのかが明確ではない働き方や、あるいはむしろ雇用であるのに自営であると偽装され、労災も雇用保険も、労働者の年金も適用されないことが生じうる。労働者に雇用保険法が適用されるはずであるのに、事業主が怠っている場合、あるいは雇用なのかどうかが明確ではない場合に、その法律関係について、労働者は保険者に確認請求（例えば、雇用保険法8条、厚生年金法31条）できる権利がある。確かに、労働者はひとりでも対処はできるが、制度をそもそも知らない、どのようにすればよいのかわからないこともあろう。それを労働組合が情報を提供し、援助することは、労働者が行政に確認請求などの手続的権利を行使するのに不可欠である。

おわりに

社会保障が働くことや個人の活動を支え、促進する機能を発揮することは、稼得活動への平等な参加も可能にするのではないだろうか。本章では、両性が、仕事も、私生活もどちらも両立するには、ディーセント・ワークとディーセントな生活条件が不可欠であること、そしてそれは、ひとりで子を育てることができる諸条件として、「公正な収入」も「適正な社会保障」もともに、コロナ禍を通じ、その必要性が確認できるのではないだろうか。

注

1 本書第6章1も参照。

2 連合総研『2023年調査報告書』42頁。本章では、以下、調査対象者総計2500人の集計値を用いて述べる。

3 「2022年非正規雇用調査」による。

4 「しんぐるまざぁず・ふぉーらむ　インタビュー概要」連合総研「インタビュー概要」16〜17頁および本書第6章参照。

5 「しんぐるまざぁず・ふぉーらむ　インタビュー概要」連合総研「インタビュー概要」17頁を参照されたい。

6 日弁連「特例貸付の償還免除範囲の抜本的拡大と支援体制の整備を求める会長声明」、安藤道人ほか「雇用保険と生活保護の狭間の所得保障ニーズへの政策的対応：コロナ禍の住居確保給付金・特例貸付と三層のセーフティネット」社会保障研究7巻3号（2022年）246頁以下。

7 「2022年非正規雇用調査」による。

8 連合総研『2023年調査報告書』82頁。

9 連合総研『2023年調査報告書』82頁。

10 連合総研『2023年調査報告書』45頁では精神的ストレスが、「配偶者あり・子どもあり」の女性は54・9％と高いが、「配偶者なし・子どもあり」のシングルマザーは73・3％になっている。

11 「わくわくシングルズ　インタビュー概要」非正規雇用研究会「インタビュー概要」15頁。

12 「しんぐるまざぁず・ふぉーらむ　インタビュー概要」連合総研「インタビュー概要」17頁。

13 シングルマザー調査プロジェクト課題別レポート『シングルマザーの居住貧困―コロナ禍の「ステイホーム」の現実』（2020年7月）、住宅保障・改善の必要性について、「わくわくシングルズ　インタビュー概要」連合総研「インタビュー概要」15頁も参照。

14 連合総研『2023年調査報告書』27頁。

15 離婚後または高年齢の単身世帯などが想起できる（「わくわくシングルズ　インタビュー概要」連合総研「インタビュー概要」15頁）。

16 夫婦と子のいる世帯のうち男性非正規労働者の29・6%がこれに該当する（「2022年非正規雇用調査」による）。

17 連合総研『2023年調査報告書』80頁。

18 連合総研『2023年調査報告書』20頁。

19 「わくわくシニアシングルズ　インタビュー概要」連合総研「インタビュー概要」14〜15頁。

20 連合総研『2023年調査報告書』57頁。

21 「2022年非正規雇用調査」による。

22 医療法人一心会事件・大阪地裁判決平成27年1月29日。

23 ホームヘルパーに関する国家賠償請求について、東京地裁判決令和4年11月1日、さらに、24時間泊まり込みヘルパーの労災事故について、東京地裁判決令和4年9月29日がある。

24 脇田滋「シフト制労働に関するあるべき法改正の検討」労働法律旬報2013号（2022年）33頁以下。

25 「日本介護クラフトユニオン　インタビュー概要」連合総研「インタビュー概要」9頁。

26 若者の支援について、「育て上げネット　インタビュー概要」連合総研「インタビュー概要」19頁参照。

27 建設業の労働組合の取り組みを参考に。国土交通省「建設法令遵守推進本部」の活動結果（https://www.mlit.go.jp/totikensangyo/const/1_6_bt_000189.html：最終確認日2023年10月30日）、「建設業における社会保険加入対策について」（https://www.mlit.go.jp/totikensangyo/const/totikensangyo_const_

tk2_000080.html：最終確認日2023年10月30日）参照。

28 連合総研『2023年調査報告書』36頁。

29 ルイス・カーレット「労働組合と社会保険―社会保険加入の権利獲得に向けた労働組合からの実践から」労働法律旬報1833号（2015年）36頁は、「社会保険加入は、労働組合にとっての使命であるともいえる」という。

第8章　ポストコロナ時代の非正規雇用労働法制の展望

緒方　桂子

はじめに

本章では、非正規雇用労働者がよりよい環境で働くために必要な法制度や労働組合へ期待されることについて、非正規雇用労働者のニーズや実態を踏まえて検討し、提示したい。

検討にあたっては、連合総研「2022年非正規雇用調査」のうち、「必要だと思う労働法」（7つ以内選択）への回答を手がかりにする（**図表8-1**）。とりあげるテーマは、「ワークライフバランス」（労働と私生活との両立）、「最低労働条件保障」、「無期転換ルール」、「同一労働同一賃金」ルールの4項目である。

1　ワークライフバランスの実現へ向けて

(1) 雇用形態間の柔軟な移行

①家族ケア・私生活重視志向・心身の健康・人生計画

「必要だと思う労働法」のトップは「フルタイムとパートタイムを行き来できる」(30・1%)であった。

この回答がトップを占めたことは驚くべきことではない。連合総研「2022年非正規雇用調査」の回答者のうち女性が72・8%を占め、パートタイマー・アルバイトの8割は女性である。[1]また、回答者の女性のうち、同一生計内に子どもまたは親がいる割合は62・7%であり、同一生計内の末子の年齢が15歳以下である割合は55・9%を占める。[2]さらに家事・育児・介護が働き方に及ぼす影響をみると、女性の場合、「かなり影響している」(17・6%)と「やや影響している」(37・8%)を合わせた場合、55・5%に及んでいる。[3]

こういった事情を合わせ考えると、現時点では家族ケアのためにフルタイムで働くことを希望していないパートタイム労働者(特に女性)であっても、子どもの養育や家族介護の必要がなくなった時点でフルタイムでの就労を希望するということは十分にありうる。逆に、家族ケアの必

図表8-1　必要だと思う労働法（7つ以内選択）

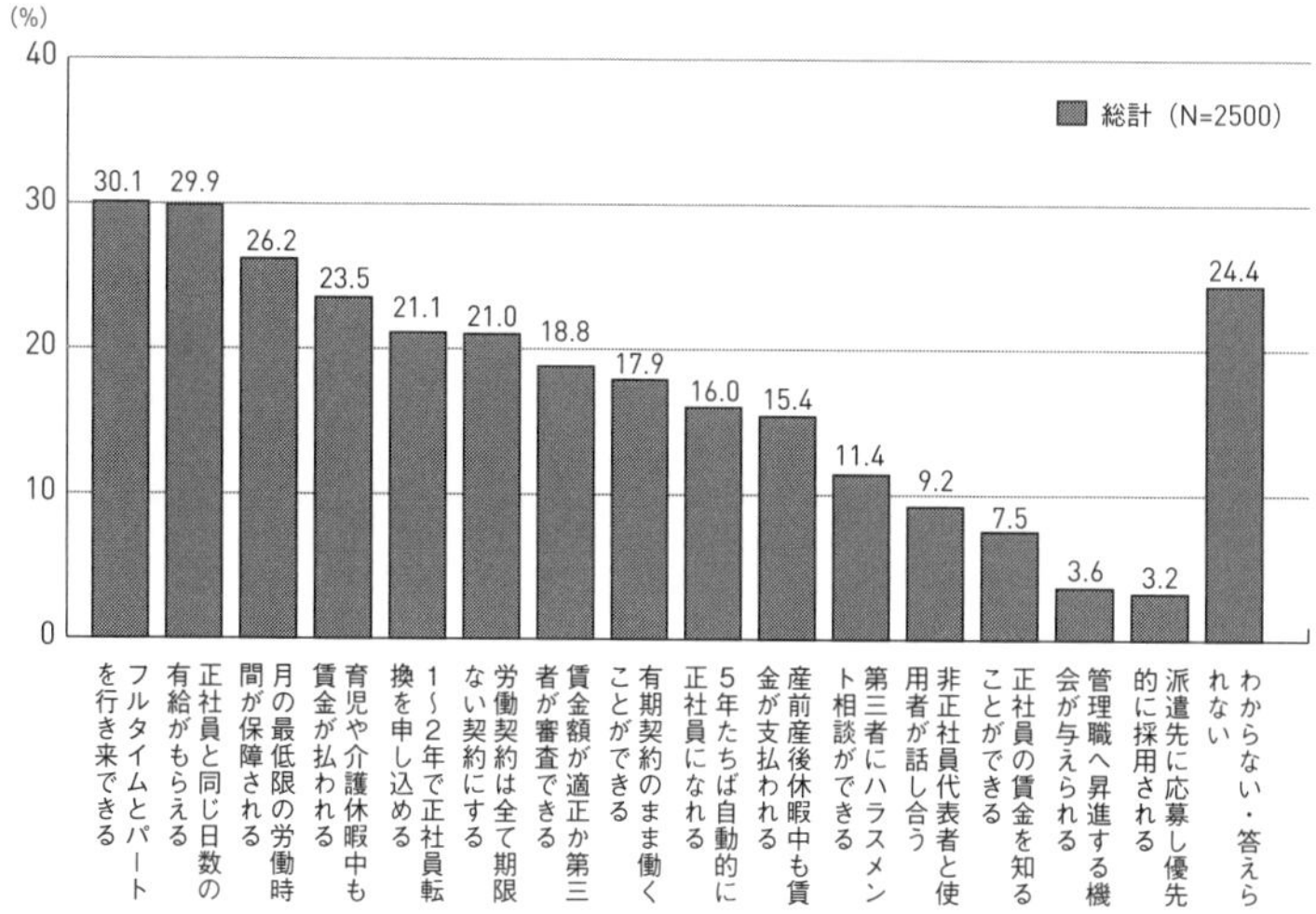

出所）連合総研『2023年調査報告書』57頁。

要が生じた場合（突然生じる老親の介護など）に、仕事を辞めるのではなく、仕事を続けながらみずからの状況に合わせた働き方をしたいと考えることも自然である。

また、フルタイムとパートタイムの行き来を希望する理由は家族ケアだけではないだろう。例えば、連合総研「２０２２年非正規雇用調査」によれば、29歳以下の男性の71・8％、30歳代の57・9％がパートタイム・アルバイトで就労しており、その割合は他の年齢層よりも相対的に高い。逆に体力が低下し始める60歳以上では半数近くがフルタイムで就労している。[4] 家族ケアのみならず、私生活重視志向や心身の健康、人生計画との折り合いのなかでパートタイムとフルタイムの行き来を希望することも十分にありうる。

②ライフステージに合わせたパートタイム移行制度――ドイツの例

同じ会社で働きながら、労働者が自らのライフステージに合わせフルタイムとパートタイムとの間を行き来することを保障する制度は、EU諸国ではすでに始まっている。

例えば、ドイツでは2019年1月から「架橋的パート制度」という制度がパート有期法のなかに設けられた。これは、一定の期間を定めてフルタイムからパートタイム労働へ移行することができる制度である。利用理由に制限はない。移行期間は1年以上5年以下で選択でき、使用者は労働者から申出があった場合、経営上の理由がないかぎり、申出を承認しなければならない。そして、あらかじめ取決めた期間が経過すれば、再びフルタイムに復帰する。[5]

ドイツの場合、法制度として創設されたが、日本においても労使の取り組みにより企業レベルでこういった制度を導入することは可能である。

人生は思ったよりも長く、その長い人生のなかに様々なライフイベントがある。育児・介護を通じた家族との愛情ある生活、自らの心身の健康の維持、社会貢献活動への情熱、仕事以外の生きがいの追求など、人はみずからの選択に従い、その人生を豊かに生きる自由と権利がある。そういった選択と職業生活との折り合いをどのようにつけるかは、今後、非正規雇用のみならず労働法全体の重要な課題となる。

(2) 有給休暇の保障

第2位は、「正社員と同じ日数の有休がもらえる」(29・9%)であった。回答者の想定する「有休」には、おそらく2つのものがある。1つは、労働基準法が付与を義務づけている年次有給休暇(法定有休。労働基準法39条)である。もう1つは、会社が独自に付与している有給の休暇(例えば夏期・冬期休暇、病気休暇など)である。

このうち法定有休に関していえば、雇用形態が正規であるか非正規であるかで付与日数に違いはない(週労働日数が短い場合を除く)。さらに、2019年4月以降、使用者はその従業員に対し年5日の有休を付与する義務を負っている(労働基準法39条7項。有休日10日以上の場合)。法定有休について、法が遵守されているか労働組合によるチェックが求められよう。[6]

一方、会社が独自に設ける有給の夏期・冬期休暇、病気休暇などが、正規雇用労働者には与えられ、有期契約労働者もしくはパートタイム労働者に与えられていない場合、不合理な労働条件の格差であるとして違法と判断される可能性が高い(パート有期労働法8条)。

例えば、20年10月15日に出された日本郵便(東京)事件最高裁判決[7]は、正社員に付与している有給の病気休暇について、その趣旨が「私傷病の療養に専念させることを通じて、その継続的な雇用を確保するという目的によるもの」であるとし、そうであれば相応に継続的な勤務が見込まれる時給制契約社員(有期契約のパートタイム労働者。以下同)について無給の病気休暇しか与えていないことは不合理な労働条件格差にあたり違法であると判断した。

また夏期・冬期休暇については、すでに同事件第1審の東京地裁[8]が、職務の内容等の違いにより差違を設けるべき特段の事情がない限り、時給制契約社員についてだけ夏期・冬期休暇を設けないことは不合理な相違であって違法であると判断し、最高裁まで維持されている。

日本の労働法にはすでに「正社員と同じ日数の有休がもらえる」制度がある。それにもかかわらずこれを求める回答が集まったのは、制度の認知と定着の問題であるといえそうである。そうであれば、労働組合にはこれを労働の現場に根づかせていくという役割が期待される。

(3) 家族ケアに関する経済的保障

家族ケアを理由とする休業時の経済的保障に関する問題が、第4位「育児や介護休暇中も賃金が支払われる」、第10位「産前産後休職中も賃金が支払われる」にあがっている。

現在の法制度では、育児休業もしくは介護休業期間中は雇用保険から休業給付金が支給されることになっているが、その額が不十分である、あるいはその支給時期等に課題があるということだろう。家族ケアに対する経済的保障はもはや少子高齢社会における必須の課題である。

例えばスウェーデンの親休暇法では、育児休業期間中、母親と父親にそれぞれ240日分（合計480日分）の育児休業手当（スウェーデンでは「親給付」と呼ぶ）が支給され、その額は390日分までは休業前の所得の約8割が支給される（上限あり）。スウェーデンの例と比べると、漸増してきているとはいえ、日本の休業給付金はまだ低いことがわかる。

また、スウェーデンでも実際には父親がほとんど育児休業を取得せず、親給付の受給権を母親に譲渡することが通例であったため、法改正が行われ、現在では90日分の受給権は譲渡できないとされた。これにより父親の育児休業取得率が10％（１９９８年）から29％（２０１８年）に増加したという。[9]

連合総研「２０２２年非正規雇用調査」によれば、「夫も家事や育児を平等に分担すべきだ」と考える労働者は、全体で62・７％（男性51・５％、女性66・８％）を占める。[10] しかしそういった意識が実態に反映しているかといえばそうではない。

この問題は社会保障制度とも深く関係するが、家族ケアと仕事との両立、そして家事・育児等の平等な負担という観点からも、法制度のさらなる改善が必要である。

2　最低労働条件の保障

(1) 月当たり最低労働時間の保障

コロナ禍を契機に出てきた新しい要望として最低労働時間保障が挙げられる。[11] 連合総研「２０２２年非正規雇用調査」でも要望の第３位にある（26・２％）。コロナ禍ではシフトカット（シフトの削減）やそれに対する休業手当の未払い、ゼロシフト（シフトを割り当てない）などが問題になった。これらは新たな問題というより、シフト制労働がもとから抱えていた問題がコロナを契機に噴出したと捉えるべきだろう[12]。

こういった事情を踏まえて、最近では労働現場を知る実務家らから、最低労働時間保障ないし最低シフト保障制度の導入を提案する見解が主張されている[13]。これは法制度の改正が必要な事柄である。しかし問題の深刻さを考えるならば、労働組合が先行して取り組み、社内に最低シフト保障制度の創設や労働契約への最低労働時間の明記を進めるといったことが求められる（詳しくは第９章参照）。

(2) ハラスメントへの対応

「第三者にハラスメント相談ができる」（11・４％）への回答が第11位にあがっている[14]。連合総研「２０２２年非正規雇用調査」によれば、職場でハラスメントにあったときの相談先のトップは「家族」（36・２％）、職場の上司（25・１％）、会社の相談窓口（23％）である。労働組合への相談（10・４％）は、行政の相談窓口（14・７％）よりも低い[15]。

家族や権限ある者（上司）への相談を除けば、ハラスメントに関し専門的知識を有する者による相談対応をして欲しいとの要望がよみとれる。しかしそういった制度を導入することは会社にとってコストのかかる話である。そのため、法がその導入を助言することはともかく、強制することは容易ではない。そうであれば、労働組合が会社と交渉して、ハラスメント相談窓口の外部委託や専門家の雇用を要求していくといった取り組みが必要になってくる。

3　無期転換制度のさらなる発展のために

無期転換制度に関わる要望が次の順位であがっている。第5位「1～2年で正社員転換を申し込める」（21・1％）、第6位「労働契約はすべて期限のない契約にする」（21・0％）、第8位「有期契約のまま働くことができる」（17・9％）、第9位「5年たてば自動的に正社員になれる」（16・0％）である。

(1) 期間の短縮か、有期契約の原則廃止か

現在の有期契約労働者の無期契約への転換制度は、同一の使用者の下で契約を更新し契約の通算期間が5年を超えた場合に、無期転換の申込権が生じ、労働者が使用者に無期転換を申し込むことで自動的に次期の契約から無期契約で働くことができるようになるというものである（労働契約法18条。「無期転換権」とも呼ぶ）。

まず、無期転換権発生までの期間を「1～2年で」とする要望について、これは無期転換までの5年があまりに長いと思う者が少なくないことを示すものといえるだろう。しかし、そもそも

「5年」という期間設定にはどのような意味があったのだろうか。

これについては少し説明が必要である。有期雇用労働者の雇用の安定のために特別な制度として無期転換制度が構想された。しかし、転換権発生までに一定の期間を設定すると、使用者がその期間を上限として有期契約労働者を雇止めする行動に出ること（無期転換権発生回避行為。労働契約法18条の「副作用問題」とも呼ばれた）が容易に想定された。この問題をどのように調整するかは非常に難しい問題であったが、最終的には、「5年」という月日があれば、無期雇用労働者としての適性判断や無期契約で雇用するレベルへの技能発展が可能になり、それによって無期化への障害（無期転換権発生回避行為への動機づけということだろう）が解消されるというメリットがあるとして「5年」とされた[16]。

しかし「5年」がこのような意味を持つとすれば、逆に、「正規雇用するつもりはない」「この仕事に高い技能は必要ない」と考える使用者は、5年の間に有期契約労働者に対し教育訓練を行うこともないだろうし、無期転換権発生前に雇止めをしようとするだろう。5年分の年齢を重ねれば、労働者にとって次の新しい就業先を見つける困難さの度合いは一層高まる。無期転換権発生までの期間を「1～2年で」とする要望はこの現実を直視したものといえる。

そうであれば、法制度として「5年」を短縮することは十分に検討に値する。例えば同様の制度を導入している韓国では、無期転換権発生までの期間は2年である。また、この問題については、労働組合の取り組みによって企業独自の無期転換ルールを実現するといったことが選択肢としてありうる。適性評価や技能蓄積のために「5年」が必要かどうかを見きわめ、職場に適した無期転換ルールを設けていくことが望ましい。

ところで、ほとんど同順位にあるのが、「労働契約はすべて期限のない契約にする」である。「必要だと思う労働法」の比較的上位にこの項目があがってきたことには注目すべきである。

この回答はそもそも有期雇用契約での就労を制限するという考えに基づくものである。EU諸国では法定事由に該当しなければ有期契約で労働者を雇用することができないという政策がとられている（入り口規制）。有期契約労働は契約期間満了とともに終了するという性質から、労働者の雇用生活を不安定にするという本質的な問題を抱えているが、EUではそれは人間らしい働き方（ディーセント・ワーク）の観点から好ましくないと考えられている。

日本は無期転換制度を設けることで、有期契約労働者の雇用生活の不安定さという問題に（部分的に）対応しようとした。しかし、無期転換制度は無期転換権発生回避行為を誘発するという特性を有し、それが労働者の雇用生活をさらに不安定化させている。それゆえ、いまでもなお「入り口規制」実現への要望は根強い。

入り口規制は、雇用の不安定性という有期雇用の深刻な課題を抜本的に解決する方法であり、雇用の安定性の確保は、雇止めを怖れ法的諸権利の行使を抑制する傾向にある有期契約労働者をその心理的な抑圧から解放すると考えられる。連合総研「2022年非正規雇用調査」で示されたこの回答は、日本の有期契約法制そのものを再検討すべきことを示唆している。それとともに、労働組合も、社内の有期契約労働を削減し、フルタイムの無期雇用や無期パートタイマー（「短時間正社員」と呼ばれることも多い）へと移行させる取り組みを行うことが考えられる。

(2) 正規・非正規に共通するワークルールの徹底の必要

有期契約労働者が有期契約のまま働くことは現行法でも可能である。しかし、それを制度として保障することへの要望が第8位（17・6%）にあがっている。次の2つの理由が考えられる。

1つは、前項で述べた無期転換権発生回避行為との関係である。無期転換権行使を阻止したい使用者は通算期間5年到達前に有期契約労働者を雇止めしようとする。「事前に無期転換権を放棄する（させる）ことは許されない」とするのが通説であるから、当該労働者に無期転換するつもりがなかったとしても、使用者はリスク回避のため雇止めを行う。これはその職場で働き続けたい当該労働者にとって大きなデメリットとなる。そのため有期契約のまま働くことを保障する制度を求める労働者もいる。こういった状況を踏まえて、学説でも無期転換権の事前放棄を法的に認めるべきという議論が強く主張されている。

しかし、2つめの理由にも関係するが、重要なのは、なぜ当該有期契約労働者は有期雇用のまま働きたいと考えているのか、である。連合総研「2022年非正規雇用調査」によれば、無期転換を希望しない理由（複数選択）のトップは「責任が重くなる」（31%）であり、ほかに「残業が多くなる」（14・4%）といった理由が並ぶ。[17] つまり、有期雇用でない働き方は負担が多く、労働時間の拘束も大きい、会社の都合で時間外労働が命じられることもある、そうであれば有期雇用のままの方がよい、ということである。しかし、これは日本の正規雇用労働者がそのような働き方をしていることの反映でもある。そうであれば、正規雇用労働者がこのような働き方をしていることの問題性が問われなければならない。

法的に見た場合、労働者にとって有期契約で働くことのメリットはまったくないといってよい。なぜなら労働者には辞職の自由が認められているからである。無期契約で働く労働者は、いつでも辞職を申入れることができる（民法627条1項）。有期雇用で働くことに正規雇用にはないメリットを感じるとすれば、それは周りの正規雇用労働者が過剰な時間外労働などワークルールを守らない働き方をしていることが理由である可能性が高い。

労働組合の監視のもと、正規雇用、非正規雇用ともに法が定めるワークルールを遵守し、正規雇用が賃金などの経済面以外でも魅力ある働き方に変化していくとき、「有期契約のまま働くことができる」労働法を求める意識は変わっていくと思われる。

4 「同一労働同一賃金」ルール実現への道程

(1) 賃金額の適正性の保障

「同一労働同一賃金」ルールに関する事柄が、第7位「賃金額が適正か第三者が審査できる」(18・8%)、13位「正社員の賃金を知ることができる」(7・5%)にあがっている。これらは「同一労働同一賃金」ルールの実効性確保に関わる要望として整理することができる。

海外をみると、例えばイギリスでは性差別賃金の違法性を雇用審判所で争う際に、審判所が独立専門家に、申立人と比較対象者の仕事が同一価値であるかどうかについて報告書の作成を依頼するという仕組みがある。[18] もっとも、連合総研「2022年非正規雇用調査」の回答者が想定しているのは、そういったおおげさなものではないと推測される。もっとカジュアルに、自分の賃金が適正であるかを知る手段があればよいということだろう。そうであれば、自分の職務と賃金との関係が適正であることを確信できる仕組みがあれば十分に要望に沿うものと思われる。

ある労働者の受け取っている賃金額が、同じ職場で働く他の労働者と比較して適正か否かを測る手段として職務評価システムがある。職務評価システムにもいくつかあるが、例えば、4つの職務評価ファクター(「知識・技能」「責任」「負担」「労働環境」)の下に、実際の職務の特徴を参考にしたサブファクターを設定し、それぞれにウエイトを振り分けて職務の価値を点数化するといった方法がある（「得点要素法」）。

最近、学説においては、労働契約法3条1項が定める「労働契約は、労働者および使用者が対等の立場における合意に基づいて締結し、又は変更すべきものとする。」に続けて、2項「使用者は、賃金に関して、合理的な理由がある場合を除いて、同一価値労働同一賃金原則を遵守しなければならない。」を創設し、その実効性確保のために、職務評価システムを用いて行う「状況把握義務」を使用者に課すといった立法構想を示す見解がある。[19]

「同一労働同一賃金」を実現するとして開始された「働き方改革」は、実際のところ法律のなかに「同一（価値）労働同一賃金」を規定するものではなかった。[20]この事態を克服し、法律の条文のなかに「同一（価値）労働同一賃金」原則を明記することは重要である。そうすれば、それを現実化するためのさらなる法制度の構築が可能になる。そのなかで、直接的ないし間接的に、企業に職務評価システムを導入することを求める仕組みを設けることは十分に考えられる。労働者にとって、自分の賃金が適正に算定されているという確信は働くことの安心感につながるだろう。

(2) 女性活躍推進法および使用者の説明義務の活用可能性

2022年7月から女性活躍推進法の省令・指針改正により301人以上の企業に「男女の賃

金の差違」の情報把握・開示が義務づけられた。全労働者、正規労働者、非正規労働者ごとに賃金の男女比として示される。また、この省令改正と同時に有価証券報告書でも男女の賃金格差の開示が行われることになった。

これらの仕組みによって、労働者が客観的な数値に基づいて自分の会社の状況を知ることができるようになった。もっともそれらの数値から詳細まで知ることはできないし、おそらく、連合総研「2022年非正規雇用調査」の回答者が期待するようなものではない可能性が高い。そうであれば、公表された賃金格差の詳細な実態分析を行い、経年的な動向をモニタリングしていくという労働組合の役割が重要になる[21]。

また、パート有期労働法14条は、使用者に対し、雇い入れ時および求めがあったときには、パートタイム労働者や有期契約労働者に対する措置の内容や正規雇用労働者との待遇の相違の内容および理由等を説明することを義務づけている（14条1項および2項）。

労働者が法が保障するこれらの権利を行使していくことは重要である。とはいえ、相対的に立場の弱い非正規雇用労働者がそういった権利の行使を行うことは負担が大きい。そうであれば、労働組合が前面に出て対応することが求められる。

5　まとめにかえて

連合総研「2022年非正規雇用調査」の「必要な労働法」への回答を手がかりに、今後の非正規法制の展望と労働組合の取り組みについて4つの項目を挙げ、検討した。

多くの労働組合にとっては、非正規雇用労働者の「賃金・手当の引き上げ」が目の前の大きな課題であろう。連合総研「2022年非正規雇用調査」で行ったインタビュー調査からもその傾向は明らかである。しかし本章の検討からそれにとどまらない多様な要望があることが確認できる。

連合総研「2022年非正規雇用調査」では「非正社員代表者と使用者が話し合う」制度を求める回答が組合員11％、非組合員8・7％という結果であった（全体で9・2％）。労働組合に所属している回答者の1割強が、現在の労働組合をみずからの利益代表者として物足りなく感じている可能性もある。

こういった状況を踏まえると、労働組合としては現場の意見を汲み上げるチャンネルを確保すること、現場の労働者が何を不安に思っているか、組合としてどのような対応が可能かを考え続けていくことが重要であることがわかる。

本章で検討したものは、いずれも現行法の枠内で実行可能である。諸外国を見ても、労働組合の現場での先行的な取組みが社会に広がり、それが法制度の創設に結びつくという「下からの法政策」の例は多い。そうやって作り上げられた法制度は労働者のニーズにかなう生きた制度になり、社会全体をよりよいものとしていくことが期待できる。

注

1　連合総研『2023年調査報告書』2頁。

2　連合総研『2023年調査報告書』10頁。

3　連合総研『2023年調査報告書』85頁。男性の場合、同じ項目で33・4%となっており大きなひらきがある。

4　連合総研『2023年調査報告書』4頁。

5　山本陽大「ドイツにおけるパートタイム労働をめぐる新動向」労働法律旬報1926号（2018年）32頁以下、緒方桂子・橋本陽子・浅倉むつ子「多様化するライフコースにおける労働と公正性の保障について考える」日本労働法学会誌136号（2023年）129頁以下など参照。

6　家族の事情等の影響を受けやすい非正規雇用労働者が、付与された有休日だけでは足りず、欠勤した日があるために、有休付与要件である80%以上の出勤率を満たさず、法定有休を受けられないといった場合も考えられる。そもそも、有休の取得要件に一定の出勤率を課すという制度は日本独自のものであり、国際的にはあまり例がない。これは有休を継続的かつ勤勉な労働に対する報償とみる考え方によるものである。しかしそれは有休の本来的な趣旨に反すると従来から批判されている（例えば、西谷敏『労働法〔第3版〕』（日本評論社、2022年）373頁）。抜本的な法改正を求めるべき事項ではあるが、さしあたり労働組合の取組みとして有休の付与要件から80%以上出勤要件を外すといったことは可能である。

7　日本郵便（東京）事件・最高裁判決令和2年10月15日。

8　日本郵便（東京）事件・東京地裁判決平成29年9月14日。

9　両角道代「性差別禁止とライフコース」季刊労働法273号（2021年）147頁以下参照。

10　連合総研『2023年調査報告書』83頁。

11　野村総合研究所「コロナ禍で急増する女性の『実質的休業』と『支援からの孤立』」（２０２１年１月19日）（https://www.nri.com/jp/knowledge/report/lst/2021/cc/mediaforum/forum302：最終確認日２０２３年11月13日）。

12　栗原耕平「飲食産業におけるシフト制労働の実態と『シフト制労働黒書』」労働法律旬報１９９２号（２０２１年）７頁以下参照。

13　川口智也「シフト制労働者の法律問題」労働法律旬報１９９２号（２０２１年）19頁以下など。

14　連合総研『２０２３年調査報告書』31頁によれば、非正規雇用労働者であることを理由としたハラスメントや差別の経験について、「受けたことはない」（63・６％）がトップを占め、「ハラスメント・差別を受けた経験あり」は19・２％であった。具体的な内容としては、「休みたくても休めなかった」（６・４％）、「顧客などから叱責された」（５・６％）、「仲間外しや無視などを受けた」（４・９％）であった。

15　連合総研『２０２３年調査報告書』75頁。

16　荒木尚志「有期労働契約規制の立法政策」菅野和夫先生古稀記念論集『労働法学の展望』（有斐閣、２０１３年）１７５頁。

17　連合総研『２０２３年調査報告書』54頁。詳しくは第３章56頁。

18　森ます美・浅倉むつ子編『同一価値労働同一賃金原則の実施システム』（有斐閣、２０１０年）２８９頁［内藤忍執筆部分］。

19　森ます美・浅倉むつ子『同一価値労働・同一賃金の実現』（勁草書房、２０２２年）２５４頁［浅倉むつ子執筆部分］。

20　本書第３章49頁参照。

21　緒方・橋本・浅倉・前掲注５・１３８頁［浅倉むつ子執筆部分］。

第9章　日本のシフト制労働をめぐる労働法制

石川　茉莉

はじめに

コロナ禍により、深刻な危機に直面した非正規雇用をめぐる問題の1つに、シフト制労働をめぐる問題がある。コロナ禍では、サービス業等を中心に、大幅なシフト削減により半失業状態となるシフト制労働者が続出したものの、所定労働時間があらかじめ定まっていないため、支援が受けづらいという問題が生じた。

本章では、シフト制労働をめぐる問題状況・課題について、先行調査等から明らかにすると共に、EU諸国の法規制も参考に、今後の日本におけるシフト制をめぐる労働法制のあり方について検討を行う。

1　シフト制労働とは何か

従来から、日本においては、飲食業やサービス業等において、パートタイム労働者やアルバイトを中心に、いわゆる「シフト制」と呼ばれる労働形態が、しばしば用いられてきた。

典型的には、飲食業等で働く「シフト制アルバイト」のように、労働契約上であらかじめ、労働日や所定労働時間が定まっておらず、店長等の管理者が1週間単位等、そのつど作成したシフト表に基づいて決定した労働日・労働時間に、「シフトに入る」形で働く労働形態を指す。

2022年1月に厚生労働省が公表した「いわゆる『シフト制』により就業する労働者の適切な雇用管理を行うための留意事項」（以下、「留意事項」）では、「労働契約の締結時点では労働日や労働時間を確定的に定めず、一定期間（1週間、1か月など）ごとに作成される勤務割や勤務シフトなどにおいて初めて具体的な労働日や労働時間が確定するような形態」を「シフト制」、シフト制を内容とする労働契約を「シフト制労働契約」、シフト制労働契約に基づき就労する労働者を「シフト制労働者」と呼んでいる。

ここでいう「シフト制」は、「従前から見られた、いわゆる交替勤務（年や月などの一定期間における労働日数や労働時間数が決まっており、その上で、就業規則等に定められた勤務時間のパターンを組み合わせて勤務する形態）」を除く概念とされている[1]。

本章においても、「留意事項」で定義された「シフト制」労働を、検討対象とする。

2　日本のシフト制労働をめぐる問題状況

(1) 問題の所在

日本のシフト制労働をめぐる問題は、①労働時間過多の問題、②労働時間過少の問題、③労働予見可能性の欠如の問題に大別できる。

濱口・山本は、シフト制労働のように所定労働時間が確定していない場合に発生しうる事態として、①過度にシフトを入れられ、他の活動（学生アルバイトであれば学業）に割く時間が奪われること（労働時間過多）、②シフトが過小ないしゼロとなり、予期した収入が得られなくなること（労働時間過少）の問題を挙げている。[2] シフト制労働をめぐって、コロナ禍前に、主に問題と考えられていたのは、学生アルバイトを中心とした①の問題であったのに対し、コロナ禍では、②の問題が、日本において初めて全面的に表出したことが指摘されている。[3]

さらに、シフト制労働をめぐっては、③直前までシフトがいつ入るのかわからず、最低限の労働予見可能性が確保されていないことも問題の1つとして挙げられる。[4]

以下では、日本のシフト制労働をめぐるこれらの3つの問題状況の把握を行う。

(2) 労働時間過多の問題

コロナ禍以前は、「労働時間過多」の問題が、主に問題視されてきた。[5]

厚生労働省は、学生アルバイトの現状や課題を把握し、適切な対策を講じるため、2015年8月～9月にかけて「大学生等に対するアルバイトに関する意識等調査」を行った。[6] 同調査では、アルバイト経験のある大学生等1000人（複数のアルバイトを経験している場合は3つまで複数回答を得ており、1000人が経験したアルバイト件数1961件）を対象に、労働条件の明示の有無、明示された労働条件、労働関係に関して経験したトラブル、学業への支障等について調べている。シフト制アルバイトに関するトラブルに関して、「採用時に合意した以上のシフトを入れられた」割合は14・8％となっている。また、「学業への支障（自由記載）」の主な意見として、「試験の準備期間や試験期間に休ませてもらえない、シフトを入れられた、シフトを変更してもらえなかった」、「シフトを多く入れられたり、他の人の代わりに入れられたり、変更してもらえなかったなどのために、授業に出られなかった」等の意見が挙げられている。

同調査の結果を踏まえて、厚生労働省は、①事業主団体への要請等、②周知・啓発など情報発信のさらなる推進（労働法教育の充実等）、③相談への的確な対応等、学生アルバイトの労働条件の確保に向けて、取り組みを強化することとし、[7] 2015年12月、厚生労働省と文部科学省が連携して、学生アルバイトの労働条件の確保について、学生アルバイトの多い業界団体に要請を行っている。[8] 同要請においては、使用者側の自己点検表を作成し、シフトの問題についても、採用時に合意した以上のシフトを入れる等、労働条件を変更する場合には、事前に労働者の同意を要すること、学生の試験期間中などには、できるだけシフト設定に配慮を行うことを要請している。

(3) 労働時間過少の問題

コロナ禍において、シフト制労働の「労働時間過少」の問題が顕在化した。[9]

多くのシフト制労働者が、苦境に陥った背景には、①飲食業、宿泊業、サービス業等、多くのシフト制労働者が就労する産業が、コロナ禍により大打撃を受け、シフトが大幅に削減又はゼロとなったこと、②コロナ禍による休業については、雇用調整助成金や新型コロナウイルス感染症対応休業支援金（以下、休業支援金）等による支援が行われたが、シフト制労働者は、所定労働時間があらかじめ確定していないため、支援を受けにくい状況に置かれたことが挙げられる。

コロナ禍では、世界的に「She-cession（シーセッション）：女性不況」と呼ばれる現象が起き、特に女性が厳しい状況に置かれた。[10] 野村総合研究所が２０２０年12月に行った「コロナ禍における休業・シフト減のパート・アルバイト女性の実態に関する調査」では、パート・アルバイト女性のうち、「シフトが5割以上減少」かつ「休業手当を受け取っていない人」を「実質的失業者」と定義し、２０２０年12月時点で、実質的失業者のパート・アルバイト女性は約90万人にのぼると推計されること、実質的失業状態にあるにもかかわらず、休業手当等の支援から孤立し、経済的・精神的に厳しい状況に置かれているとし、支援の周知と拡充の必要性を提言している。[11]

さらに、同研究所が2021年2月に、男女のシフト制労働者を対象に行った調査[12]では、2021年2月時点で、全国の実質的失業者は、女性は103・1万人、男性は43万人いると推計し、2020年12月以降も、女性の実質的失業者が増えていることを指摘している。また、これらの実質的失業者のうち、「1日単位の休業だけでなく、シフト時間を短縮するような短時間休業であっても、休業手当を受け取ることができること」を知らなかった人の割合は、女性53・1%、男性51・8%であり、勤め先から休業手当を受け取れない場合、労働者本人が申請できる「新型コロナウイルス感染症対応休業支援金・給付金」を知らなかった人の割合は、女性48・9%、男性49・7%であるなど、支援策の存在や、自らが支援の対象者であることを知らない人が多いことが指摘されている。

コロナ禍が始まった当初、シフト制労働における「シフトを入れられない」という事態が、コロナ禍による休業に対する雇用調整助成金や休業支援金等の助成措置の対象となる「休業」に該当するか問題となったが、2021年1月以降、厚生労働省は、一定の要件下で、シフト制労働者も、雇用調整助成金[13]や休業支援金[14]の対象としている。なお、雇用調整助成金等に関する特例措置は2023年3月、休業支援金の受付は2023年5月に、それぞれ終了した。

(4) 労働予見可能性の欠如の問題

シフト制労働の問題は、単に「労働時間過多」、「労働時間過少」の量の問題にとどまらず、直前までシフトがいつ入るのかわからない、直前にシフト変更を命じられる等、最低限の労働予見可能性が確保されていないことも、シフト制労働者の働き方を不安定にしている。

前述の厚生労働省「大学生等に対するアルバイトに関する意識等調査」においても、「一方的に急なシフト変更を命じられた」割合は、14・6％となっている。[15]

3 日本におけるシフト制労働をめぐる労働法制の現状

日本において、シフト制労働は、その時々の事情に応じて柔軟に労働日・労働時間を設定できることから、労使共にメリットの大きい就労形態として広く用いられてきており、コロナ禍で労働時間過少の問題が顕在化するまでは、労働時間過多の問題以外は、ほとんど問題視されることがなかった。

コロナ禍で、シフト制労働をめぐる問題が広く認識されたことから、厚生労働省は、2022年に前述の「留意事項」[16]を公表したが、同文書はあくまでも基本的な労働法規の周知を広く図ることを目的としており、日本において、シフト制労働契約自体の締結や内容を規制する労働法制は、現時点ではほぼ無い状況である。

諸外国においては、「ゼロ時間契約」等の就労形態の不安定さが、広く認識され、手続的規制・実体的規制の両面から、多くの国で規制が整備されてきた。コロナ禍で顕在化した問題に対し、今後、日本においても、シフト制労働者の保護を図る労働法制をいかに展開していくかは、大きな立法上の課題の1つである。次節では、比較法的見地から、EUにおける法規制の検討を行う。

4 EUにおける「シフト制」労働をめぐる法規制

(1) 「ゼロ時間契約」等と「シフト制労働」の類似性

日本のシフト制労働をめぐる問題状況は、諸外国において、「ゼロ時間契約」、「オンコール労働」、「オンデマンド労働」等と呼ばれる労働形態をめぐる問題状況と類似している[17]。「オンコール労働」や「オンデマンド労働」は、あらかじめ所定労働時間が定められておらず、そのつど使用者の呼び出しに応じて就業する労働形態である。労働時間の上限と下限を規定する契約等、様々な形態があるが、このうち「ゼロ時間契約」は、労働時間の下限を規定しておらず、最低限の労働時間が確保されていない[18]。

西欧諸国では、これらの労働形態について、特に労働時間過少（特にゼロ時間契約において、最低限の労働時間が確保されていないこと）、労働予見可能性の欠如を中心に、問題が広く認識され、近年、労働者の保護を図る労働法制の整備が、多くの国で進められてきた。以下では、ＥＵ、ドイツ、フランスにおける保護規制のあり方について、簡潔に紹介する。

⑵ ＥＵ・ドイツ・フランスにおける法規制

① ＥＵにおける法規制

ＥＵにおいては、２０１５～16年にかけて、ＩＬＯや欧州議会の政策局等により公表された複数の報告書の中で、「オンコール労働」や「ゼロ時間契約」等の、いわゆる日本でいう「シフト制労働」の就業形態の不安定性が指摘された。[19]

19年７月に採択された「ＥＵの透明で予見可能な労働条件指令」（以下、ＥＵ指令）では、いわゆる「シフト制労働」に係る重要な手続的規制および実体的規制が、複数導入された。第１に、手続的規制では、「シフト制労働」を用いる使用者に「作業日程が変動的であるという原則、最低保証賃金支払時間数及び最低労働時間を超えてなされた労働の報酬、労働者が労働を求められる参照日時[20]、労働者が作業割当の開始以前に受け取るべき最低事前告知期間、及びもしあれば……（作業割当）取消の最終期限」の通知義務を定めている（ＥＵ指令４条２項ⓜ号）。[21]

第２に、実体的規制では、ⅰ兼業について（ＥＵ指令９条）、ⅱ最低限の労働予見可能性（同10条）、ⅲオンデマンド契約への補完的な措置（同11条）等が定められている。ⅰは、ＥＵ加盟国に対して、使用者がオンデマンド労働等で働く労働者に対して、兼業を禁止することを禁じ、兼業を理由に不利益取扱いをすることがないよう確保することを求めている。(ii)は、EU加盟国に対し、「シフト制労働」を用いる使用者が、EU指令4条で規定された事前に決定された参照日時の範囲内で労働が行われること、合理的な事前告知期間をおいて作業割当を通知すること、のいずれもみたさない限り、「シフト制労働者」は、労働義務を負わないよう確保することを求めている。(iii)は、「加盟国がオンデマンド又は類似の雇用契約の利用を許容する場合は、濫用を防止するために、オンデマンド又は類似の雇用契約の利用及び期間の制限、……濫用の効果的な防止を確保するための他の同等な措置等、一又はそれ以上の措置をとる」ものと定めている。濱口は、(iii)の規定により、EU諸国においては、「いつまで経っても最低保証賃金支払時間が発生しないでゼロ時間契約が永久に続いていくような法制度は排除されると考えて良い」と解している。[22]

このように、EU指令では、「ゼロ時間契約」の締結は禁じていないが、いわゆる「シフト制労働者」の保護を図るために、手続的規制・実体的規制を定め、加盟国に国内法の整備を要求しており、同指令21条が国内法転換期限を22年8月1日と定めていたことから、多くのEU諸国で、同指令の内容が国内法化されている。

② ドイツにおける法規制

ドイツにおいては「呼出労働」と呼ばれる就労形態が、具体的な労働日や労働時間帯が、あらかじめ労働契約で定められていない点で、日本における「シフト制」労働と類似している。

呼出労働とは、「労働者による労働給付が労働需要の発生した使用者からの呼び出しによって行われる就労形態」を指し、宿泊業や飲食業において、頻繁に利用され、ドイツの「パート・有期法」を中心に、手続的規制・実体的規制の両面から、広範な法規制が行われている。[23]

山本は、ドイツにおける呼出労働をめぐる法規制の特徴として、ドイツでは、呼出労働のような就労形態を違法視しておらず、労働契約自体は有効と認めたうえで、様々な法規制を行っている点、パート・有期法12条を中心とする法規制が、いつ何時間の就労（呼出し）を求められるのかについての事前の予測可能性を高め、それによって自身のスケジュールを自律的に決定しうる状態が確保されることを重視している点等を挙げている。[24]

ドイツにおいても、前記ＥＵ指令を受けた国内法整備が行われ、主に証明法、パート・有期法を中心に法改正を通じて、呼出労働で働く労働者の保護が強化されている。[25]

③フランスにおける法規制

フランスは、比較法的に見て厳格な法規制を行っている国であり、フランスでは、いわゆる「ゼロ時間契約」の締結は認められない。[26] フランスにおける法規制の特徴として、２０１３年より、パートタイム労働の最低労働時間規制（原則週24時間）が導入されていること、フランスのパートタイム労働法制では、所定労働時間をあらかじめ労働契約によって明確に定めることを前提に、各種の手続的規制・実体的規制が行われていること等が挙げられる。

フランスにおいても、EU指令21条の国内法化期限後であるが、23年3月にEU指令を国内法化する法改正が行われている。

5 日本におけるシフト制労働をめぐる労働法制のあり方の検討

以下では、今後の日本におけるシフト制に関する労働法制のあり方について検討する。

(1) 現行の労働法制に基づくシフト制労働者の保護

第1に、現行の労働法制の下で、シフト制労働に関連する労働関係法規を、使用者・労働者共に広く周知・徹底し、シフト制労働者の保護を図っていくことが挙げられる。

例えば、労働基準法15条1項は、使用者は、労働契約の締結に際し、労働者に対して、賃金、労働時間その他の労働条件を明示しなければならないと規定している。明示すべき労働条件の具体的内容（労働基準法施行規則5条1項1号～11号）のうち、書面により明示を要する事項は、労働契約の期間（同1号）、期間の定めのある労働契約を更新する場合の基準（同1号の2）、就業の場所および従事すべき業務（同1号の3）、始業および終業の時刻、所定労働時間を超える労働の有無、休憩時間、休日、休暇等（同2号）、賃金の決定、計算および支払方法等（同3号）、退職に関する事項（解雇の事由を含む）（同4号）となっている。しかしながら、前述した「大学生等のアルバイトに関する意識等調査」では、対象者が経験したアルバイトのうち、労働条件を示した書面を交付していないものが58・7％、働く前に口頭においてですら具体的な説明がなかったものが19・1％、存在した。[27] また、前述したコロナ禍における野村総合研究所の調査においても、シフトが5割以上減少し、かつ休業手当を受け取っていない「実質的失業者」の約半数が、「シフト減でも休業手当を受け取れること」も、「休業支援金の存在」自体も知らなかった。[28] 現行の労働関係法規や、支援制度の周知を図ることにより、シフト制労働者の職場環境の改善、保護につながる余地は大きい。

具体的には、「留意事項」にあるような現行の労働法上の基本的なルールの周知と徹底、特に高校生や大学生等の学生や社会人への労働法教育の充実等を図っていくことが重要である。労働組合は、使用者が労働関係法規を遵守しているかチェックし、労働法のルールや支援制度等の周知をする等、シフト制労働者の労働条件、職場環境の向上に、大きな役割を有している。

(2) 法改正を伴う労働法政策の検討

第2に、前述したEU・ドイツ・フランスの法規制[29]を参考に、法改正を伴う労働法政策について検討する。

日本のシフト制労働をめぐる今後の労働法制を検討するうえでは、特に次の2つの視点が重要である。第1に、シフト制労働の「濫用の防止」である。日本では、有期雇用の利用にEU諸国のような入口規制を設けておらず、さらに、シフト制労働者に対してもEU諸国のような保護規制がない。不況時にはシフトをゼロにすることで、簡単に雇用調整が行われる等、シフト制労働が濫用されないよう、使用者への自主的な配慮の「要請」を超えて、労働法制の中で規制を行っていくことが重要である。第2に、「最低限の予測可能性」を確保したうえで、シフト制労働者の「自己決定権」を尊重することである。学業との両立を図る学生や、家庭責任との両立を図る労働者等が、最低限の予測可能性を確保されることにより、一定の期間内で、どれだけシフトに入り、他の学業や家庭責任等に、どれだけ時間を割くのか、自らの働き方、ワーク・ライフ・バランスのあり方を自己決定する権利を尊重していくことが望まれる。

以上の基本的な視点をもとに、日本において今後検討すべき法政策を3点挙げる。

第1に、より詳細な労働条件の明示[30]を義務づけることが考えられる。労働基準法15条が労働条件明示義務を規定しているが、過少または過大なシフトの問題への対処として、週単位の最低労働時間または最長労働時間を明示する等、より詳細な労働条件明示義務を課す法政策を検討すべきである。

第2に、最低限の労働予見可能性を確保するための制度[31]を設けることが考えられる。日本では、シフトの予告期間に関する法規制はなく、直前までいつ・何時間のシフトが入るかわからないため、シフト制労働者の働き方を不安定にしてきた。予告期間規制の導入により、シフト制労働者の、最低限の労働予見可能性を確保する法政策が望まれる。

第3に、最低労働時間規制の導入が考えられる。連合総研『2023年調査報告書』57頁においても、「必要だと思う労働法」への回答のうち、「月の最低限の労働時間が保障される」と回答した人は26・2%おり、第3位となっている。例えば、フランスでは、短時間労働を原因とする低所得者を減らすため、2013年よりパートタイム労働の最低労働時間（原則週24時間）が導入されている。その際、学業との両立を図る学生が要求する等、一定の例外事由に該当すれば同規制は適用されないなど、シフト制労働者の具体的ニーズに対応した制度上の様々な工夫が行われていることにも留意すべきであろう。日本における同規制の導入については、厳しい規制を課すことにより、シフト制労働者の自己決定権やワーク・ライフ・バランスに悪影響を及ぼす可能性や、近年拡大しているプラットフォーム型就労等への代替が進む等の懸念もあるが、法設計において十分な工夫を行い、シフト制労働者の一定程度の労働時間および収入を確保し、保護を図っていくことが望ましい。今後の導入へ向けて、国内で幅広い議論を行っていくことが望まれる。

注

1　留意事項1頁。鉄鋼等の連続操業の事業所や、医療のように24時間対応を求められる事業所のように、従来から昼夜二交替制、8時間3交替制等で働く勤務形態を「シフト制」と呼ぶこともあるが、これらの勤務形態は、あらかじめ所定労働時間やシフト割のパターンが決まっているため、ここでいう「シフト制」労働とは区別される。濱口桂一郎「シフト制アルバイトはゼロ時間契約か?」労基旬報2021

年1月25日号参照。

2　濱口桂一郎・山本陽大「諸外国における『シフト制』労働をめぐる法規制の展開　解題」労働法律旬報1996号（2021年）6頁参照。

3　濱口・前掲注1、濱口・山本・前掲注2。

4　日本におけるシフト制労働をめぐる問題状況については、栗原耕平「飲食産業におけるシフト制労働の実態と『シフト制労働黒書』」労働法律旬報1992号（2021年）7頁以下、川口智也「シフト制労働者の法律問題」同号15頁以下等参照。

5　濱口・前掲注1、濱口・山本・前掲注2等参照。

6　厚生労働省「大学生等に対するアルバイトに関する意識等調査」（https://www.mhlw.go.jp/stf/houdou/0000103577.html：最終確認日2023年10月10日）参照。同調査は、学生がアルバイトをする際、事業主の労働基準法違反等により不利益を被ったり、学業に支障を来したりといったことがあることから、学生アルバイトの現状や課題等を把握し、厚生労働省として、適切な対策を講じるための参考にすることを目的として、週1日以上のアルバイトを3か月以上行ったことがある大学生、大学院生、短大生、専門学校生1000人を対象に、2015年8月～9月、インターネットを使用して行われた。

7　厚生労働省・前掲注6参照。

8　厚生労働省・文部科学省「学生アルバイトの労働条件の確保について（要請）」（https://www.mhlw.go.jp/stf/houdou/0000108174.html：最終確認日2023年10月10日）参照。

9　濱口・前掲注1、濱口・山本・前掲注2等参照。

10　周燕飛「コロナ禍の女性雇用」樋口美雄・労働政策研究・研修機構編『コロナ禍における個人と企業の変容』（慶應義塾大学出版会、2021年）195頁以下等参照。

11　野村総合研究所「コロナ禍で急増する女性の『実質的失業』と『支援からの孤立』」（https://www.nri.

com/jp/knowledge/report/lst/2021/cc/mediaforum/forum302：最終確認日２０２３年10月10日）。

12　野村総合研究所「野村総合研究所、パート・アルバイトの中で『実質的失業者』は、女性で１０３万人、男性で43万人と推計」（https://b2b-ch.infomart.co.jp/news/detail.page?IMNEWS1=2434780：最終確認日２０２３年10月10日）。

13　厚生労働省「雇用調整助成金（新型コロナウイルス感染症の影響に伴う特例）」（https://www.mhlw.go.jp/stf/seisakunitsuite/bunya/koyou_roudou/koyou/kyufukin/pageL07.html：最終確認日２０２３年10月10日）。

14　厚生労働省「新型コロナウイルス感染症対応休業支援金・給付金」（https://www.mhlw.go.jp/stf/kyugyoshienkin.html：最終確認日２０２３年10月10日）。

15　前掲注6参照。

16　例えば、シフト制労働契約の締結における労働基準法15条1項の労働条件明示義務、特に「始業及び終業の時刻」に関する事項、「休日」に関する事項についての留意点、使用者の就業規則作成義務及び規定すべき事項（労働基準法89条1号）、シフト制労働者を就労させる際の注意点（労働時間、休憩、年次有給休暇、休業手当に関する労働基準法上の規定）、シフト制労働者の解雇や雇止めに関する事項（解雇や雇止めに関する労契法・労働基準法上の規定）、その他、募集・採用、均衡待遇、社会保険・労働保険等に対する基本的な労働法規の内容等、シフト制に関連する現行法上の労働関係法令が、一覧性をもって記載されている。

17　濱口・前掲注1、濱口・山本・前掲注2、濱口佳一郎「ＥＵにおける『シフト制』労働に対する法規制」労働法律旬報１９９６号（２０２１年）7頁以下参照。ＥＵ諸国において「シフト制」の用語は、前述の「交替制勤務」を指すため、日本における「シフト制労働」と類似する雇用形態は、「ゼロ時間契約」、「オンコール労働」、「オンデマンド契約」等となる。

18 使用者は労働者を呼び出す義務を負わず、労働時間がゼロとなる可能性があるため、「ゼロ時間契約」と呼ばれている。

19 濱口・前掲注17参照。

20 「参照日時」とは、「使用者の申入れによりその期間内に労働がなされる特定の日における時間帯」をいう。濱口・前掲注17・9頁参照。

21 濱口・前掲注17・9～10頁参照。

22 濱口・前掲注17・7～11頁参照。

23 山本陽大「ドイツにおける呼出労働をめぐる法規制の現状」労働法律旬報1996号（2021年）14～22頁参照。

24 山本・前掲注23・22頁。パート・有期法12条に承継される以前の、就労促進法4条の法案理由書の中では、同条の立法趣旨の1つとして、労働者にとっての、(自身の) スケジュールに関する「計画可能性」が、保護すべき利益として言及されている (同14～15頁参照)。

25 ドイツにおけるEU指令の国内化については、山本陽大「『透明かつ予見可能な労働条件指令』とドイツ労働法―EU指令の国内法化をめぐる一断面」JILPTリサーチアイ第73回 (https://www.jil.go.jp/researcheye/bn/073_220629.html：最終確認日2023年10月10日) 参照。

26 石川茉莉「フランスにおける『シフト制』労働に関わる法規制」労働法律旬報1996号（2021年）23～28頁参照。

27 厚生労働省・前掲注6。

28 野村総合研究所・前掲注12参照。

29 濱口・前掲注1と前掲注17、23、26で紹介されている労働法律旬報の各論文等参照。

30 より詳細な労働条件の明示義務として、例えばフランスでは、パートタイム労働契約は必ず書面によることを要し、同書面には、週または月当たりの労働時間や、各日への労働時間の配分または月の各週への労働時間の配分等を記載しなければならない。ドイツでは、呼出労働を締結する際には、週単位で、最低労働時間または最長労働時間を定めなければならない。

31　ＥＵ指令10条は、加盟国に「シフト制」労働者の最低限の労働予見可能性の確保を求めている。事前に定められた参照日時の範囲内で労働が行われ、かつ合理的な事前告知期間をおいて作業割当を通知しない限り、労働者は労働義務を負わない。他にも、ドイツの呼出労働では、具体的な労働時間の配置について、４日前までの通知を規定している。フランスでは、労働時間の配分を変更する場合、原則として７就労日前までの通知を規定している。

第Ⅳ部

非正規雇用労働と労働組合

第10章　「必ずそばにいる」存在になるために——労働組合の取り組み——

久保　啓子

はじめに

「非正規雇用で働く人は動物（どうぶつ）ですか⁉」。いきなりの「パンチ」に目が覚めた。今から13年前の２０１０年、連合[1]が策定を進めた、職場の非正規雇用で働く仲間の労働条件改善に向けた「取り組み事例集」の表紙を見た産業別組織の非正規雇用の担当者からの一声。

表紙には、多様な職種の制服を身につけた多様などうぶつ（動物）が楽しそうに働く姿を描いた。親しみやすさをアピールしたいという思いをこめた表紙ではあったものの、非正規雇用で働く仲間から見ると、自分たちの労働が尊厳ある労働とみられていないように感じられたのだろう。非正規で雇用されている仲間の置かれている状況や気持ちに対する感覚の鈍さを実感した出来事だった。

この仲間の感情への配慮は「非正規雇用労働者」という呼称についても求められることとなった。連合は非正規雇用で働く仲間の処遇改善や安定雇用、諸制度の見直しに向けた取り組みを強化するため、07年10月に「非正規労働センター」を設置した。名称の「非正規」という表現については、「非《あらず》という否定的な言葉を使うべきではない」との意見がある一方、正規社員と比べて賃金・労働条件に大きな格差があることを背景に、非正規雇用問題を日本社会全体に関わる深刻な問題としてとらえるべきとの観点から、あえて「非正規」という言葉を使った経緯がある。

その後、改めて組織内からの「非正規で働く仲間の個人感情や職場内の連帯感に配慮すべき」「同じ働く仲間に使用する言葉として不適切」といった様々な意見を踏まえ、「連合ビジョン（2019年10月）」の中で連合における「非正規」呼称の考え方を整理し、労働者自身と結びつく「非正規労働者」「非正規雇用労働者」という言葉は使用しないことを確認した。同時に連合は、非正規雇用にとどまらず、フリーランスや外国人なども対象とした「真の多様性」の実現に向けたフェアワーク（多様性を満たし、不合理な格差がない、公正・公平な働き方）の必要性・重要性を発信するために「非正規労働センター」を発展的に解消し、「フェアワーク推進センター」とし、現在に至っている。

こういった経過も踏まえ、本章においては非正規「労働者」、非正規雇用「労働者」といった表記を使わないことを冒頭にお断りさせていただきたい。

1　すべての働く仲間を守るために――「急ぐぞ労働組合！」

総務省統計局「労働力調査」において非正規雇用の統計が開始された１９８４年からの雇用労働者数の推移をみると、総雇用労働者数が増加しているにもかかわらず、正規雇用で働く人は94年をピークに２０１５年まで約20年間にわたり下がり続けている（**図表10－1**）。

一方、厚生労働省「２０２２年労働組合基礎調査」の結果によると、日本の労働組合員数は１０００万人を下回り９９９万２０００人（前年比８万６０００人減）、推定組織率は16・5％と過去最低の組織率となった。一方、パートタイム労働者は１４０万４０００人と前年に比べて４万１０００人（３・０％）増加し、全労働組合員数に占める割合は14・１％で前年より０・５ポイント上昇しているものの、今や職場では欠かせない非正規で働く仲間を守るために、組織化を急がなければならない数値であることに変わりはない（**図表10－2**）。

そこで連合は、労働組合の役割は「すべての働く仲間を守る」ことを基本とし、22～23年度の運動方針において「安心社会へ新たなチャレンジ～すべての働く仲間とともに『必ずそばにいる存在へ』～」を掲げて活動を進めてきた。しかし、労働組合は、「すべての働く仲間を守れる存在」「必ずそばにいる存在」になっているのか、なれるのかが問われている。現在、多様な働き方が広がるなかで、とりわけ非正規で雇用される場合には課題が多い。非正規雇用とひと言で表

図表10-1　正規雇用労働者と非正規雇用労働者の推移

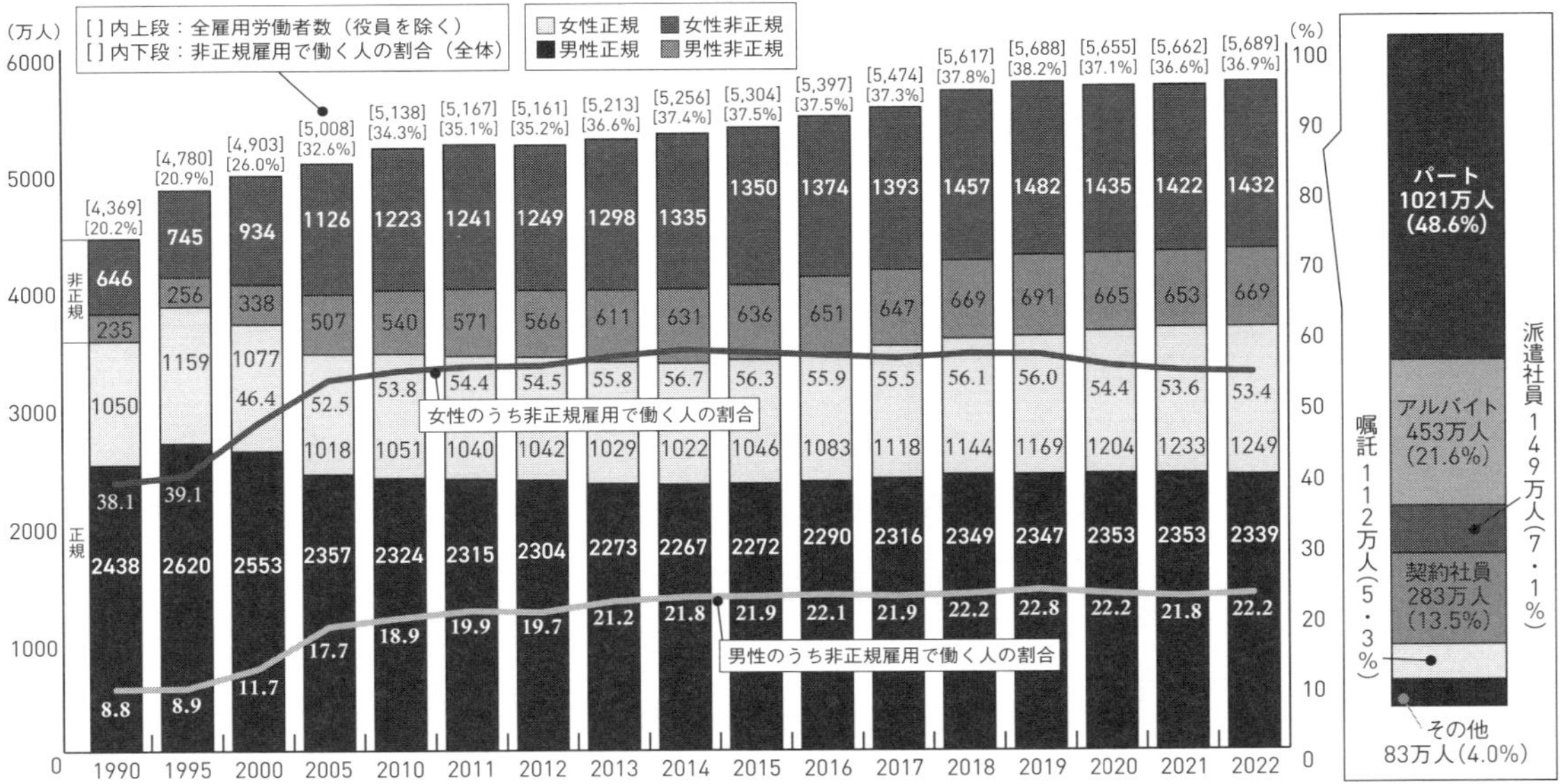

注）1）2005年から2010年までの数値は、2010年国勢調査の確定人口に基づく推計人口（新基準）の切替による遡及集計した数値（割合は除く）。
2）2011年の数値、割合は、被災3県の補完推計値を用いて計算した値（2010年国政調査基準）
3）雇用形態の区分は、勤め先での「呼称」によるもの。
4）正規雇用労働者：勤め先での呼称が「正規の職員・従業員」である者。
5）非正規雇用労働者：勤め先での呼称が「パート」「アルバイト」「労働者派遣事業所の派遣社員」「契約社員」「嘱託」「その他」である者。
出所）1999年までは総務省「労働力調査（特別調査）」（2月調査）長期時系列表9、2002年以降は総務省「労働力調査（詳細集計）」（年平均）長期時系列表10。

現されるが、その働き方、職種、賃金水準も多種多様であり、より一層ウィングを広げた非正規雇用で働く仲間へのアプローチなくしてこの使命を成し遂げることはできない。

本章では、連合の取り組みから見える非正規雇用で働く仲間の実態とともに連合総研「2022年非正規雇用調査」の結果も手がかりに、労働組合が「必ずそばにいる存在になる」ための取り組みを探求する。

2 すべての働く仲間のそばに——連合「なんでも労働相談ホットライン」

連合の労働相談は、連合が結成された2ヵ月後の（1990年1月）に開設した「中小企業・パート労働者のためのなんでも相談ダイヤル」が始まりで、現在は「なんでも労働相談ホットライン」として、電話、メール、LINE（期間限定）により全国からの労働相談に対応している。

連合の労働相談の対応には3つの役割がある。1つは「相談者と一緒に解決の道を探り、相談者の利益を第一に考えた相談解決をはかる」、2つめに「職場で起きている問題を社会的な問題として捉え、すべての働く方が安心して働ける環境を整えるために、政策制度の要求や法制度の改正につなげる」、そして3つめに「本質的な解決のために労働組合を立ち上げ、団体交渉を通じて職場全体の問題として解決をはかる」、ことである。

2022年の年間相談件数は、電話（1万6738件）、メール（2099件）、LINE（81

図表10-2　労働組合推定組織率の推移

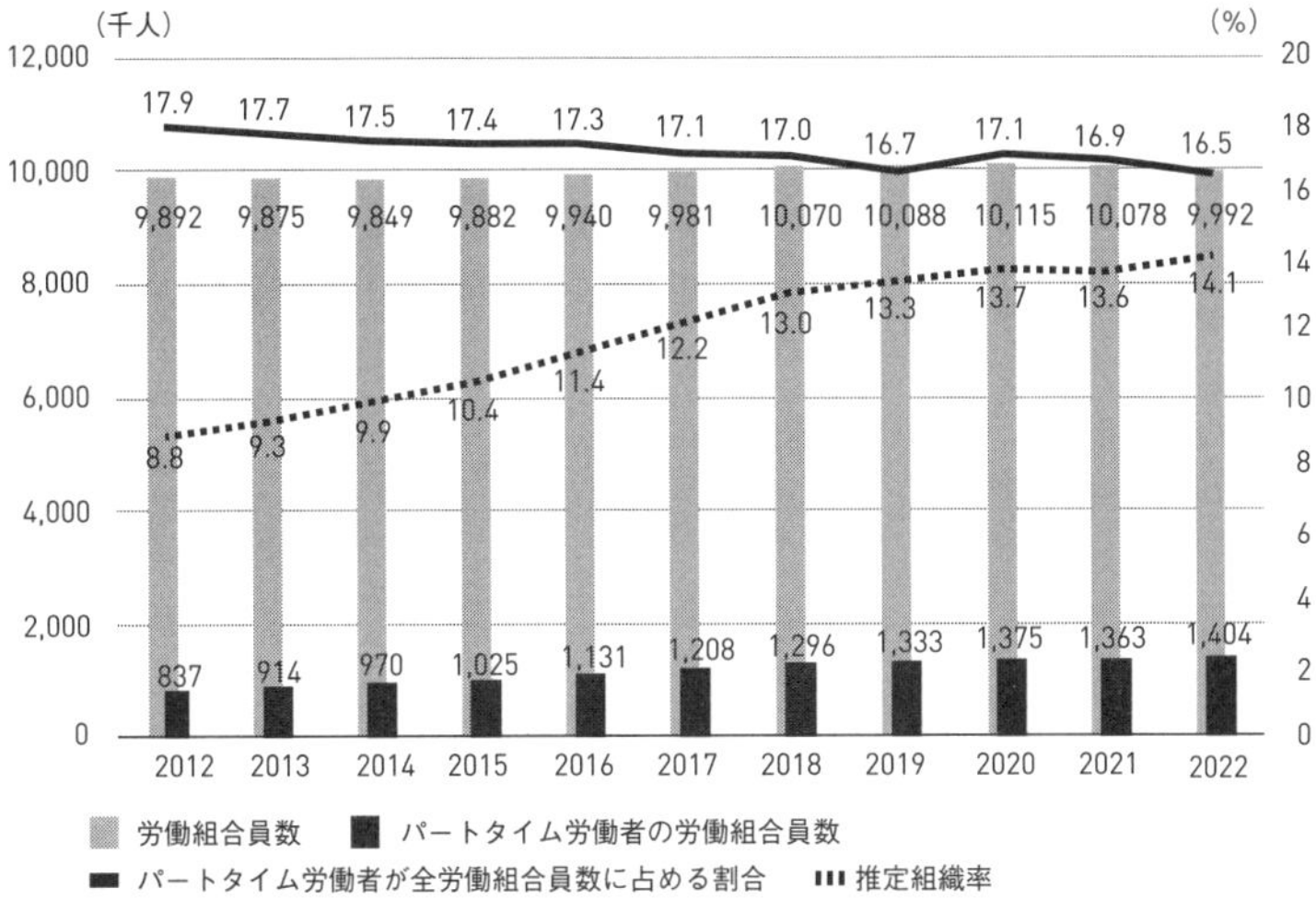

出所）厚生労働省「2022年労働組合基礎調査」。

0件）を合わせて計1万9647件にのぼる（図表10-3）。

　このうち、電話とメールによる相談の性別割合では、女性からの相談が電話では5割超、メールでは6割超を占めている（図表10-4）。

　さらに性別・雇用形態別割合では、電話・メールともに男性に比べて非正規雇用で働く女性からの相談が多く寄せられている（図表10-5・図表10-6）。

　寄せられる相談内容は、正規・非正規にかかわらず、パワハラ・嫌がらせやセクハラなどに関する「差別等」が最も多いが、非正規雇用で働く人は、雇用契約、雇用形態、配置転換などに関する「労働契約関係」、解雇・退職強要・契約打切、休業補償などに関する「雇用関係」に関する相談割合が高くなって

図表 10-3　労働相談件数

	電話	メール	LINE（期間限定）	合計
2022年	16,738件	2,099件	810件（11日間）	19,647件
2021年	15,735件	1,566件	306件（6日間）	17,607件
2020年	18,455件	1,615件	758件（12日間）	20,828件
2019年	14,252件	694件	314件（11日間）	15,260件

図表 10-4　電話・メールによる性別割合

	電話			メール		
	男性	女性	その他	男性	女性	その他
2022年	46.2%	53.6%	0.2%	38.0%	60.2%	1.9%
2021年	48.1%	51.9%	0.3%	43.2%	55.8%	1.0%
2020年	47.1%	52.9%	0.2%	40.9%	58.0%	1.0%
2019年	50.1%	49.9%	0.1%	47.2%	51.1%	1.7%

いる（**図表10-7**）。

また、新型コロナウイルス感染拡大時期を機に、件数・性別・雇用形態に大きな変化がみられた。19年以前と比較すると、20年は労働相談件数が急増し、雇用形態別では正社員からの相談よりも非正規雇用のパートタイマーやアルバイトからの相談の割合が、性別においても女性からの相談の割合が男性からの相談を上回る結果となった。

相談内容は、近年不動のトップであった「差別等（パワハラ・嫌がらせ等）」が20年に限っては、「雇用関係（解雇・退職強要・契約打ち切り、休業補償）」の相談が最も多く寄せられた。

「何年も契約更新して働き続けてきたにも関わらず、次回の更新はない」「子どもの学校休校に伴い仕事に行けず無給。生活ができない。」「会社は休業手当の支給を拒否」「正社員はテ

図表10-5　電話相談の男女別・雇用形態別割合（2022年）

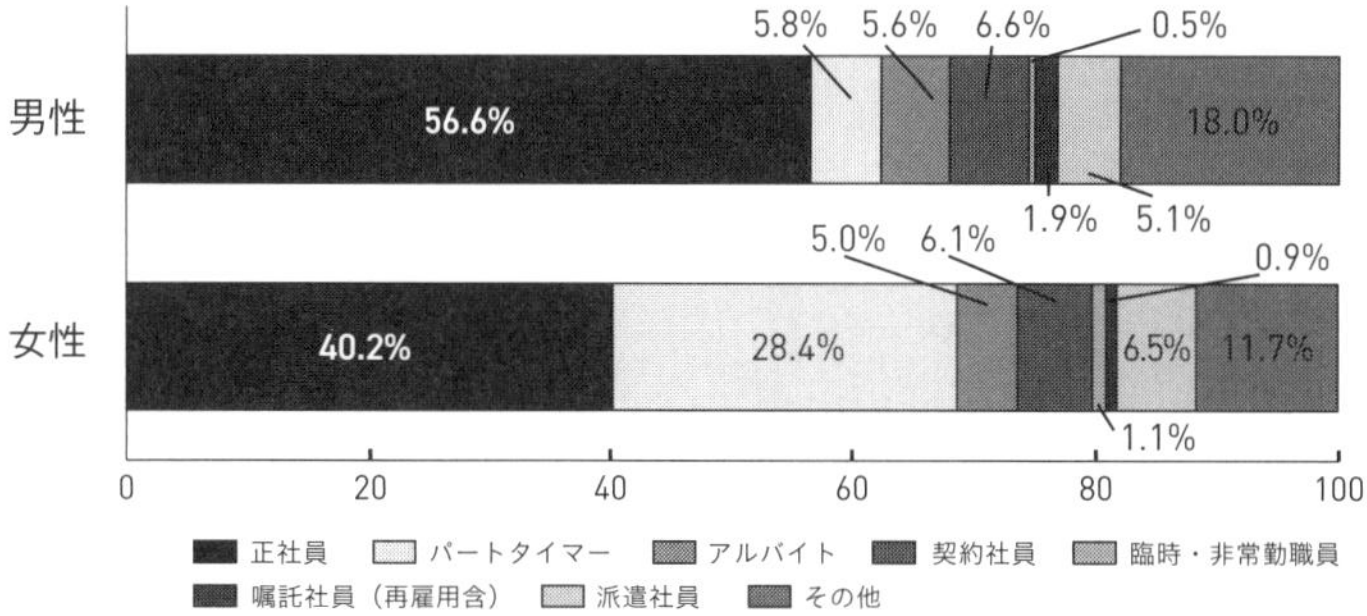

図表10-6　メール相談の男女別・雇用形態別割合（2022年）

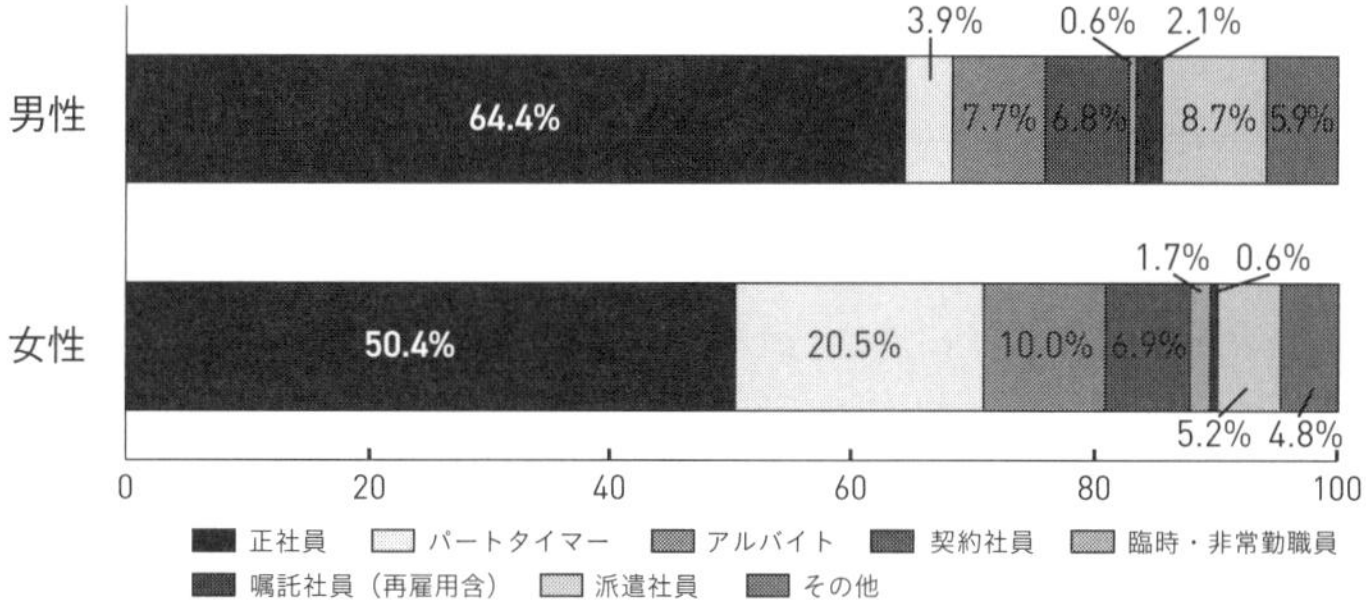

図表10-7　正規・非正規別・相談内容別割合（電話）

正規（正社員）	差別等	賃金関係	退職関係	労働時間関係	労働契約関係	雇用関係	安全衛生関係	労働組合関係	保険・税関係	その他
2022	20.0%	12.4%	11.9%	11.1%	9.9%	9.9%	8.1%	4.5%	3.4%	8.8%
2021	20.1%	12.1%	10.6%	9.5%	13.0%	12.1%	7.4%	4.4%	3.0%	7.8%
2020	19.1%	13.4%	8.7%	8.9%	10.8%	17.8%	5.4%	4.6%	2.1%	9.1%
2019	16.8%	15.6%	10.6%	14.8%	11.3%	10.9%	4.9%	5.5%	2.7%	6.9%

非正規（正社員以外）	差別等	労働契約関係	賃金関係	雇用関係	労働時間関係	退職関係	保険・税関係	安全衛生関係	労働組合関係	その他
2022	14.9%	14.8%	12.2%	11.6%	9.1%	7.4%	6.5%	5.9%	1.7%	15.9%
2021	15.3%	16.2%	12.1%	16.0%	9.4%	8.1%	5.1%	4.9%	1.4%	11.6%
2020	12.4%	12.7%	15.2%	22.9%	7.8%	5.7%	4.5%	3.7%	1.1%	14.1%
2019	13.6%	15.6%	16.5%	11.8%	13.4%	7.3%	4.8%	4.2%	1.7%	11.2%

レワーク。非正規雇用の私たちは出勤を余儀なくされる。」といった相談者の悲痛の声は、雇用の格差、処遇の格差に加え、安全衛生（命や健康）の格差にまで広がり、とりわけ女性の非正規雇用で働く人が非常に厳しい状況に置かれていることが連合の労働相談からも浮き彫りとなった。相談者の多くの職場には労働組合がない。連合が「すべての働く仲間を守れる存在」「必ずそばにいる存在」になるために、連合は、連合にしかできないこの労働相談の機能を高めることをめざしている。

3　すべての働く仲間を守る存在につなげる――「職場から始めよう運動」の展開

「2022年非正規雇用調査」における「現在の仕事への不満や不安について」の回答結果においては、組合員、非組合員問わず「ボーナスがない・少ない」、「賃金が低い」、「仕事の経験を積んでも賃金が増えない」と賃金関係が上位を占める。

また、「労働組合の加入状況」は、非正規で働く組合員の8割以上が、職場にある「正社員と非正規が加入できる組合」にほぼ自動的に加入。一方、非正規で働く非組合員の職場には、「非正規が加入できる組合」は1割にも満たず、そもそも「労働組合はない」35・2％、「労働組合があるかどうかわからない」が45・7％を占めた。

これらの結果から、労働組合がまず取り組まなければならないことは、職場でともに働く非正規雇用の仲間の組織化を進めることである。労働組合は使用者側との要求や交渉を通じて「組合員」が安心して働くために労働条件の改善をはかる。「組合員」であれば、積極的に労働条件改善に向けた使用者側との話し合いを行うのは当然のことであるが、「非組合員」の労働条件改善に向けた要求や交渉を進めることは、どうしてもハードルが高くなる。このことから、労働組合が非正規で働く仲間のために最大限の力を発揮するためには、何よりも、労働組合に加入してもらう、また、労働組合をつくること、つまり組織化することが必要だ。その結果、労使交渉により賃金の引上げ、同一労働同一賃金の推進、諸手当や福利厚生制度の充実などの着実な取り組みにつながる。

非正規雇用で働く仲間の組織化を本格的に進めていこうとしたとき、多くの労働組合の「何から手を付けたら良いのかわからない」との声があがった。これに対して、連合は、職場における取り組みを推進・強化するため、「職場から始めよう運動」を展開してきた。この運動は「同じ職場・地域で働く非正規雇用で働く仲間が抱えている課題を、自らにつながる課題として捉え、その改善のために何ができるかを考えてアクションにつなげていく」(「取り組み事例集2018」[2])ものとして、好事例を職場の労働組合から集め、事例集を毎年発行・共有し、運動強化・推進につなげている。事例は、流通・サービス、製造、運輸、公務など多種多様の内容となっている。

取り組みを開始してから約10年が経過したが、近年では定年雇用・若者雇用、LGBT・SOGI、外国人労働者などの先行事例を取りあげている。

しかし、職場の労働組合が非正規雇用で働く仲間に組合への加入を呼びかけたとき、「組合費に見合うメリットがわからない」「労働組合ってよくわからない」との加入拒否の反応に多くの労働組合が立ちすくむ。

「取り組み事例集2018」で取り上げた先行事例では、職場の組合員が総動員で加入活動を進めて組織化に至ったケース、組合費以上の賃金引き上げを獲得し、説得力ある成果をもって加入活動を展開するケースなどを共有し、悩みを抱える労働組合に向けてヒントを示している。

また、組織化したとしても、組合に対する不満にどう向き合うかという課題がある。この課題をクリアしている労働組合に共通して言えるのは、非正規雇用で働く仲間を「お客様」扱いするのではなく、自らが問題を改善する活動に展開できるよう、後方支援、伴走する存在となっていることである。このことによって、組合活動が「誰かに助けてもらう」活動ではなく「自分たちで参加して実現していく」活動、「自らメリットを作りだす」活動となり、労働組合への参加意識の高まりと仲間づくりの広がりにつながっている。「パートタイマーとしての職場の不満を愚痴として言い合うだけで終わらせてはいけない。自分たちで取り組まないで変わるわけがない」と立ち上がり、パートタイマーの目線で課題解決に挑む事例報告が多くなされている。

例えば、「着心地の悪い制服を吸汗速乾シャツに変更」した事例。春季生活闘争時に執行部が想定していた要求額に対して「低すぎる！」と要求額を引き上げて、パートタイマー組合員も当事者として団体交渉にあたり、見事勝ち取った事例。「誰かがやってくれるだろうでは何も変わらない」と契約社員自らの行動により仲間の輪を広げ、全員無期転換や一時金支給に至った事例。100人の臨時職員で団体交渉に臨み、処遇改善を果たし、「数は力なり」を実証した事例。[3]さらに非正規雇用研究会のインタビューでも、都内の保育園職員労組のように保育制度の政策要求まで行って処遇を改善した例もある。[4]数々の事例から非正規で働く組合員のパワーと当事者としての自覚、自信が見えてくる。

職場の労働組合の取り組みが進むことは、労働組合のない職場で働く仲間へも影響を及ぼす。すべての働く仲間を守るためには、職場の労働組合の取り組みが大きなカギを握っているのではないだろうか。

4　すべての働く仲間を守れる——労働組合の社会的役割を発揮

労働組合の存在価値を世の中に広げることが「すべての働く仲間を守れる存在」「必ずそばにいる存在」へつながっていることは、直近の取り組みからも見て取れる。

そのひとつが、個別の労働組合と使用者が合意した労働協約を地域限定で同業他社にも守らせることができる、労働組合法18条に定められた「労働協約の地域的拡張適用」[5]に基づく取り組みだ。

大手家電量販店5社の茨城県の店舗では、2022年4月から正社員の年間休日が111日以

図表10-8　有期・短時間・契約等労働者の賃上げ額の推移（昨年同期費）

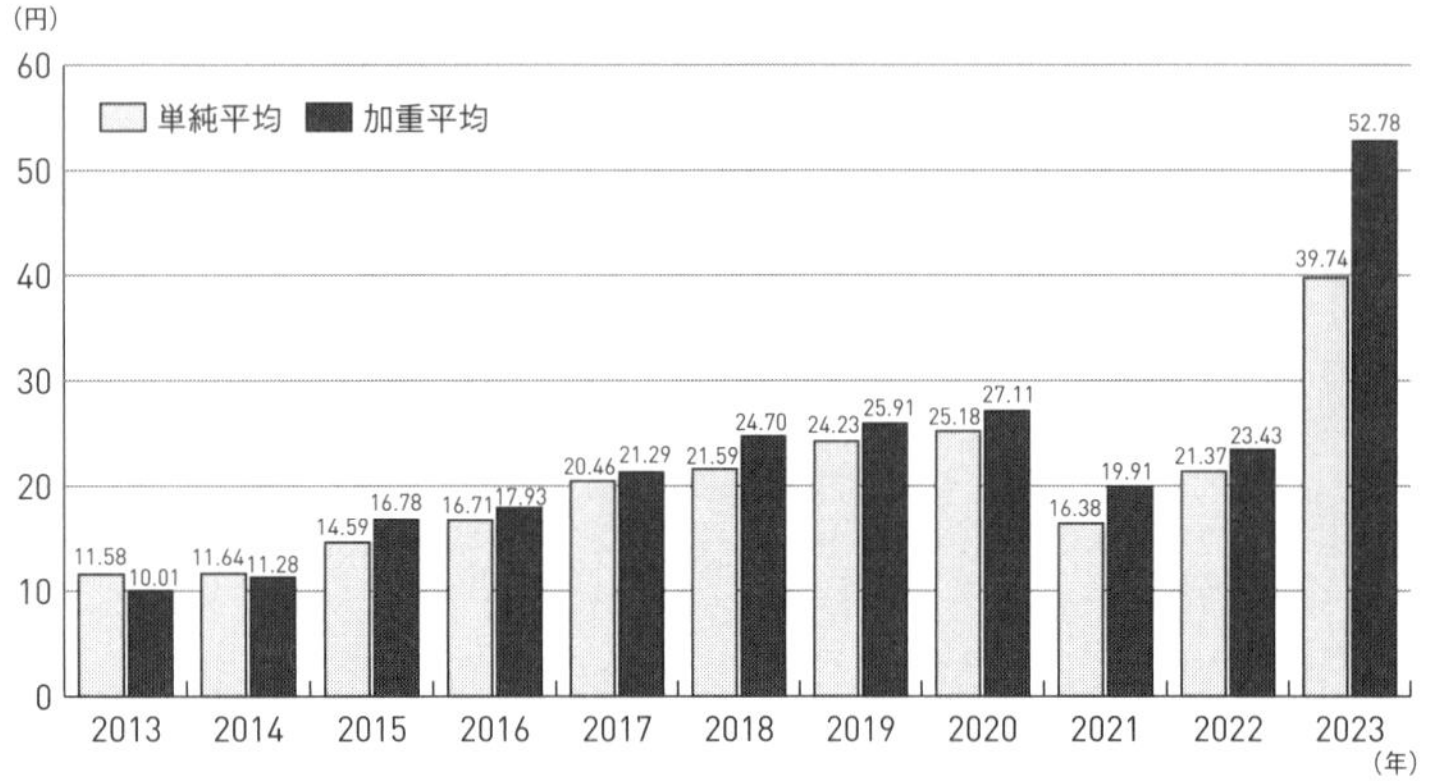

上になった。もともとは3社の労使が、労働条件などの取り決めとして「労働協約」で合意した下限である。そして3労組が「地域的拡張適用」に基づき、協約の内容を地域限定で同業他社にも広げることを申し立てた結果、協約外の2社にも111日以上にする義務が生じた。

さらに23年4月には対象地域が複数県（青森、秋田、岩手）にある家電量販店にも広がり、労働組合の有無に関係なく適用されることから、休みや賃金を削ることによる行き過ぎた販売競争の歯止めをかけることにもつながっている。非正規雇用で働く仲間への広がりも期待が持て、まさに労働組合でなければできない技である。

また、23春季生活闘争における結果からも、労働組合の交渉力の威力が見て取れる。

23春季生活闘争では、連合が賃上げに改めて取り組んだ14年以降では最も高く、ほぼ30年ぶりとなる水準の賃上げが実現した（23年6月末時点）。

有期・短時間・契約等労働者の賃上げ額は、時給では加重平均52・78円（昨年同期比29・35円増）、単純平均39・74円（同18・37円増）となった。平均時給は加重平均1095・67円、単純平均で1091・78円となり、フルタイム組合員の賃上げを上回るとともに、連合が時給の集計を開始した2000年代中盤以降では最大の引き上げとなった（**図表10－8**）。

この流れが、労働組合のない職場や小さな企業で働く仲間へも影響を与えることにつながっていることは、23年の大幅な最低賃金の引き上げからみても間違いない。

これらの結果からも、職場の労働組合（内）の活動が労働運動（外）へと展開され、すべての働く仲間を守るための役割を果たしていることが確認できる。それを踏まえれば、非正規雇用で働く仲間の組織率向上がなおさら重要であることは言うまでもない。

5 おわりに――すべての働く仲間に熱いラブコール

労働組合の推定組織率の低下を発端とした「労働組合は必要？ いらない？」という声に、労働組合自体が悲観的になっていないだろうか。本章で取り上げた様々な取り組みを振り返ってみてほしい。「本当はすごい労働組合！」の姿がみえるはず。

労働組合の力を発揮するためには、多くの仲間が必要だ。連合総研「2022年非正規雇用調査」の結果からもわかるのは、非正規雇用で働く仲間は「労働組合を必要としていない」のではなく、労働組合のことが「よくわからない」「身近に感じていない」だけ。

今こそ労働組合は、このような成果を背景に、労働組合の存在に誇りをもち、自信をもって、積極的に非正規雇用で働く仲間に接近し、「労働組合はすべての働く仲間〝あなた〟が必要だ！」と熱いラブコールを送らなければならない。

注

1 連合（日本労働組合総連合会）は、1989年に結成された全国の様々な産業で働く人たちで組織する労働組合のナショナル・センター（全国中央組織）。加盟組合員は約700万人、すべての働く人たちのために雇用と暮らしを守る取り組みを進めている。

2 https://www.jtuc-rengo.or.jp/shuppan/roudou/roudou/data/2021shokubakara.pdf?4051

3 連合「2023『職場から始めよう』取り組み事例集」参照。

4 連合総研「インタビュー概要」参照。

5 一つの地域で「同種の労働者」の大部分（概ね74%以上）に適用される労働協約がある場合、域内のすべての労働者と使用者に協約を下限として適用する仕組み。地域は都道府県や市町村とは限らない。労働委員会で適用の可否がきまる。

第11章　非正規女性は労働組合の担い手になりうるか

後藤　嘉代

はじめに

男性正社員中心の組織とされてきた日本の労働組合においても、女性が多数を占めるパートタイマー等の非正規雇用の組合員の組織化により組合員に占める女性比率は上昇傾向がみられ、現在、組合員の３人に１人が女性である。２０２１年にナショナルセンターである連合で初の女性会長が選出されたことは記憶に新しく、ジェンダー平等の実現、とりわけ女性組合役員の選出は労働組合の優先事項になっている。また、女性役員の選出の取り組みが進むなか、非正規雇用の組合員から選出されている女性組合役員も存在する。

連合総研「２０２２年非正規雇用調査」では、非正規雇用の組合員は労働組合活動への参加率が低いなど労働組合との接点が少ない現状が明らかとなっているが、今後、女性組合役員を増やし、労働組合のジェンダー平等を実現するためには、増加傾向にある非正規雇用で働く女性組合員からの役員選出にも労働組合全体で取り組んでいく必要があるだろう。こうした問題意識から、本章では、非正規雇用の女性組合員が組合活動の担い手（組合役員）になるための課題と今後どのような取り組みが必要なのかについて検討を行いたい。

1　労働組合における「女性」

まず、労働組合と「女性」との関係について、女性組合員比率の推移と女性組合役員の選出の取り組みについてみることにする。

(1) 女性組合員比率

厚生労働省「労働組合基礎調査」によると、2022年の女性組合員比率（組合員に占める女性比率）は34・7％と組合員の約3分の1を占める（**図表11－1**）。比較可能な04年の女性組合員比率は27・7％で、約20年近くで7ポイント上昇した。

雇用労働者に占める労働組合員の比率である労働組合組織率は22年で16・5％である。組織率は低下傾向が続いており、04年との比較では約3ポイント低下した。他方、22年の女性の組織率（女性雇用労働者に占める女性組合員）は12・5％で、04年の12・8％からほとんど変化はなく、この間、12％台を推移している。労働組合組織率が低下傾向にある一方、パートタイム労働者の

図表11-1　女性組合員比率（組合員に占める女性比率）

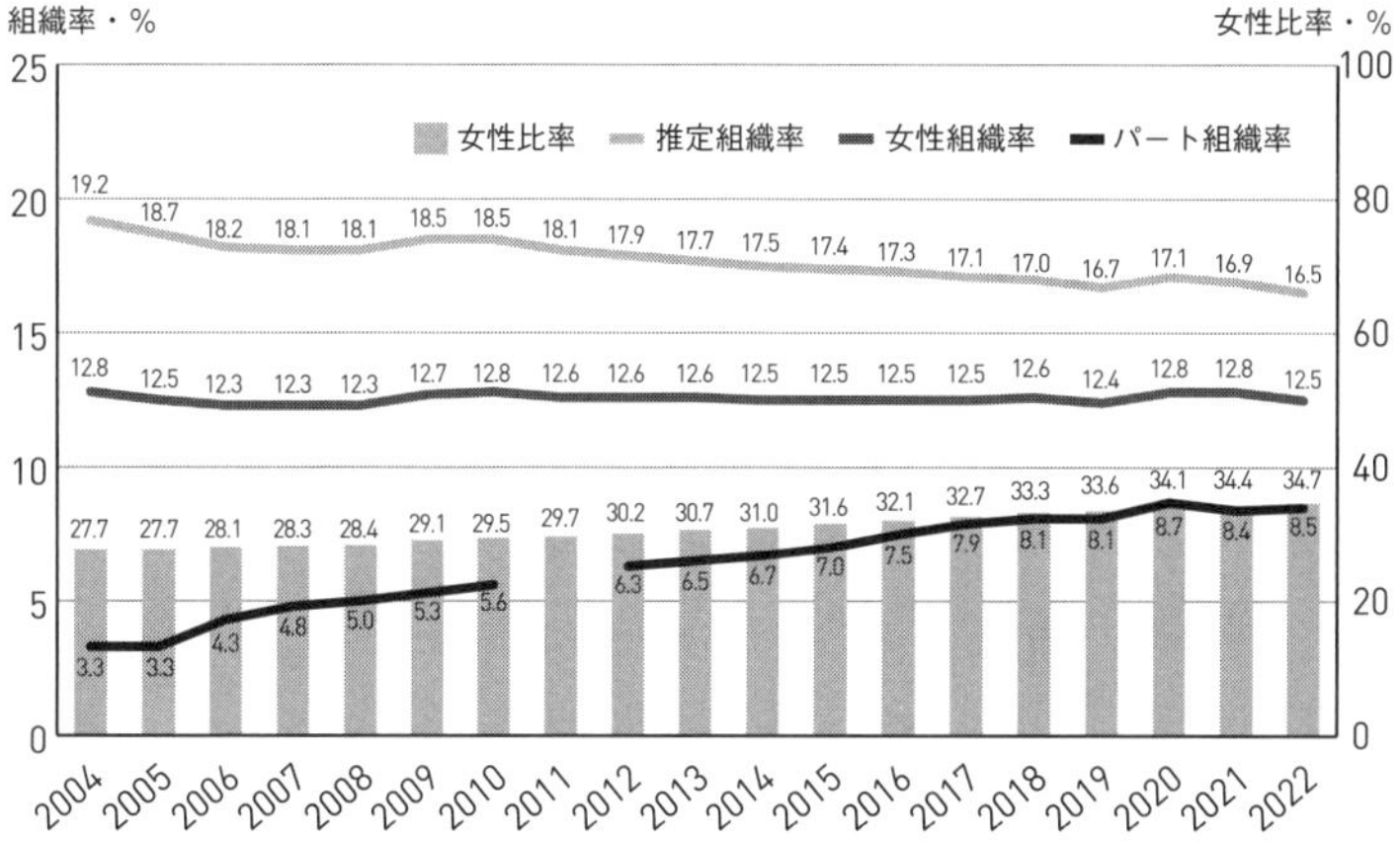

出所）厚生労働省「労働組合基礎調査」より筆者作成。

組織率は上昇傾向が続いており、このことが女性組合員比率の上昇と組織率の維持に寄与している。また、パートタイム労働者の組織率は04年時点では3・3％だったが、全体の組織率の推移とは逆に22年には8・5％と約5ポイント上昇した。

⑵ 女性組合役員の選出状況

連合は2021年10月に「ジェンダー平等推進計画」（フェーズ1：2021年10月～2024年9月）[1]を策定し、加盟する産業別組織ならびに傘下の単位組合（企業別組合）の達成目標として、「2024年9月末までに女性役員（会計監査を除く）を選出」することを掲げている。連合が21年に単組を対象に実施した「女性の労働組合活動への参画に関する調査」によると、調査に回答した民間単組（692組合）のうち、女性組合役員を選出している割合は57・2％で、4割強の組合で女性役員を選出できていない。また、女性執行委員比率（執行委員に占める女性比率）は14・1％で、女性組合員比率（33・3％）を大きく下回っている。連合の女性組合役員の選出の取り組みは連合結成直後の1991年から計画に基づいて実行されており、女性組合役員を選出している単組割合、女性執行委員比率は増加を続けているものの、近年においてもその変化は小さい。また、同調査によると、組合役員の上位役職である三役（委員長、副委員長、書記長）の女性比率は6・6％（民間）にとどまっており、女性三役の選出は今後の課題といえる。こうした女性組合役員の選出、育成にかかわる課題の背景には、仕事と家庭生活、組合活動との鼎立の課題や女性は「男女平等」を担当するといった性別による担当業務の分離などがあげられる（後藤（2022））。

また、非正規雇用に目を向けると、連合が19年に実施した「女性の労働組合活動への参画に関する調査」（単組調査）では、短時間労働者、契約社員等の組合員がいる単組（352組合）のうち、短時間・契約等の組合役員がいる割合は14・8％を占め、非正規雇用の組合員からの組合役員選出が行われていることが確認できる。

2　非正規雇用の組合員からの組合役員の選出と効果

先行調査からは、非正規雇用の組合員から組合役員を選出することによる「効果」が示されている。そこで、以下では、連合総研と短時間組合員の6割を占めるUAゼンセンが実施した調査の結果を整理する。

(1) 正社員以外の組合役員の選出効果

2015年に連合総研が実施した「労働組合の基礎的な活動実態に関する調査」では、正社員以外の組合役員を選出している組織で、女性の組合役員が多く選出されているだけでなく、組合員との意思疎通を図る上での手段を幅広く活用したり、労使協議の場においても、正社員以外の組合員の参画が進んでいることが示されている。また、正社員以外の組合役員がいる組織では、経営に対する要求項目として、正社員以外の組合員にかかわる内容だけでなく、幅広い要求が行われていることも明らかとなっている（連合総研（2016）87頁）。

(2) 組合役員経験による組合活動への参画意識

UAゼンセンが2022年に実施した「組合員意識調査」（短時間・契約社員）[2]では、短時間・契約社員の組合員の組合役員経験の有無別に組合活動に対する意識をみることができる。以下に示すデータは、女性に限定されたものではないが、この調査に回答した短時間・契約社員の組合員のうち84・4%が女性である。大半の回答者は執行委員や職場委員等の経験はないが、「現在執行委員、職場委員等」が7・6%、「過去執行委員、職場委員等」が4・6%を占める。

組合活動の参加状況をみると、組合役員の経験がない層では、「めったに参加しない」と「まったく参加しない」を合わせた〝参加しない〟は80・3％と連合総研「2022年非正規雇用調査」と大差はない。ただし、組合役員の経験がある過去執行委員、職場委員等では〝参加している〟（「いつも」＋「たまに」）が55・5％と過半数を占め、組合役員の経験のない層を大きく上回っている。同様に、組合役員との対話（オンラインを含む）をみても、〝話している〟（「よく話している」＋「たまに話すことがある」）割合は組合役員の経験がない層では3割程度にとどまるが、過去執行委員、職場委員等では6割強と多い。

また、短時間・契約社員の組合員の労働組合に加入しているメリット（複数選択）をみると、「特にメリットを感じることはない」が43・6％を占めるものの、具体的なメリットとして「困った時に相談できる人がいる」（14・0％）、「意見や要望を伝えることができる」（12・9％）、「通勤手当や一時金が支給された」（11・0％）、「経験に応じて時給があがった」（10・0％）がそれぞれ1割台を占める。これを組合役員経験別にみると、現在執行委員・職場委員層では「意見や要望を伝えることができる」（37・6％）、「困った時に相談ができる」（30・1％）だけでなく、「職場の情報が入るようになった」（26・4％）や「職場の組合員との仲間意識ができた」（25・3％）など仕事をする上でのメリットを示す比率が際立って高い。こうした傾向は過去執行委員、職場委員等の層でも共通しており、組合役員としての経験が、組合の機能に対する理解を深めていることが示唆される。

また、UAゼンセンの調査では、正社員組合員、短時間・契約社員組合員それぞれに対して女性役員が増えない理由（複数選択）をたずねている。この結果をみると、正社員では、「活動が終業後などに行われている」（24・9％）、「女性組合員の関心が低い」（22・6％）、「女性は結婚・出産・育児等でやめてしまう」（21・9％）、「役員＝男性のイメージが強い」（21・1％）といった理由がそれぞれ2割強と上位にあげられているのに対し、短時間・契約社員の組合員については「よくわからない」（31・8％）とともに「女性組合員の多くがパートタイマー」（32・4％）が3割強を占め、正社員組合員を上回っている。つまり、短時間・契約社員の組合員から執行委員等を選出する組合がある一方で、パートタイマーから組合役員を選出できていない組合も多く、〝パートタイマーは組合役員には選出されない〟と考えている組合員が少なくないことがわかる（UAゼンセン（2022））。

3　調査からみた非正規女性と労働組合との関係

連合総研「2022年非正規雇用調査」からは、女性組合員の9割近くが組合活動に参加していないことが明らかとなった。そこで、以下では、組合員の組合活動への参加状況および組合加入の継続意思別、また、非組合員については組合加入意向別に組合活動に対する意識を確認し、非正規女性が組合活動に〝参加しない／できない〟理由を検討したい。

(1) 属性別にみた参加状況

非正規女性の組合活動への参加状況をみると、「まったく参加しない」が63・8%を占め、これに「めったに参加しない」(21・6%)を合わせた割合は85・5%にのぼる。一方、〝参加している〟(「いつも」+「たまに」)は14・5%である。属性別に〝参加している〟をみると、パートタイマー・アルバイト(12・7%)に比べて契約社員(18・6%)でやや多い程度で、年齢層や労働時間の長さ、配偶者や子ども有無による明確な違いはなく、いずれの層でも〝参加しない〟が多数に及んでいる。

(2) 参加状況からみた労働組合に対する意識

組合活動についての情報を得る手段(複数選択)は、非正規女性全体では「組合の配布物」が49・0%と最も多いが、組合に〝参加している〟層では64・2%がこれをあげている。また、この層では「職場の上司・同僚」(28・3%)や「組合のホームページ・SNS」(26・4%)、「組合役員」(20・8%)から情報を得ている割合も際立って多くなっており、「活動を知ることはない」は5・7%にとどまる。一方、組合活動に〝参加しない〟層についても、「組合の配布物」を中心に7割近くが組合の情報を得ているが、「組合役員」は2・6%とわずかである。

また、**図表11‐2**が示すように、組合活動に〝参加している〟層では、組合加入のメリットを

図表11-2　労働組合に加入していることのメリット（組合員・複数選択、単位：%）

		経験に応じて時給が引き上げられた	通勤手当やボーナスが支給された	職場の組合員との仲間意識ができた	意見や要望を伝えることができる	困った時に相談できる人がいる	組合や職場のレク活動に参加できた	職場の情報が入るようになった	共済制度に加入できた	福利厚生施設が利用できた	いざというときに頼りになる	雇用契約の打ち切りの際頼りになる	ハラスメントを受けた際相談できる	その他	特にメリットを感じることはない
女性組合員計		8.2	7.7	5.8	10.7	10.7	5.8	9.0	7.4	13.4	4.7	4.9	5.8	1.6	57.5
	参加している計	22.6	17.0	22.6	28.3	28.3	20.8	18.9	7.5	26.4	9.4	5.7	9.4	…	22.6
	めったに参加しない	7.6	10.1	3.8	11.4	8.9	2.5	12.7	5.1	15.2	1.3	2.5	3.8	1.3	54.4
	まったく参加しない	5.2	4.7	2.6	6.4	7.3	3.4	5.6	8.2	9.9	4.7	5.6	5.6	2.1	66.5

注）回答件数は、女性組合員計365件、参加している計が53件、めったに参加しないが79件、まったく参加しないが233件である。
出所）連合総研「2022年非正規雇用調査」。

より多く感じており、「意見や要望を伝えることができる」、「困った時に相談できる人がいる」、「福利厚生施設が利用できた」、「職場の組合員との仲間意識ができた」、「経験に応じて時給が引き上げられた」などが2～3割を占めており、他の層に比べて際立って比率が高い。一方、まったく参加しない層では、3人に2人が「特にメリットを感じることはない」と回答しており、参加状況によるメリットの感じ方の違いが確認できる。

労働組合のイメージ（複数選択）についても、〝参加している〟層では、「労働条件改善・向上に欠かせない」が41・5％と際立って多く、また、「働いている人の味方」（35・8％）、「職場の悩みを相談できる」（22・6％）などでも〝参加しない〟層を上回る。また、職場で問題が起きた場合の相談先では、組合活動に〝参加している〟ほど、「労働組合の相談窓口」をあげる割合が多く、なかでも残業代が支払われない時や、職場でハラスメントにあった時では〝参加している〟層の4割強が労働組合を相談先として考えている。他方、組合活動に〝参加している〟層では、「現在の課題にこたえていない」（22・6％）や「頼りないと思うが一応必要」（22・6％）といったイメージも〝参加しない〟層に比べて多く、労働組合に対して厳しい見方を持つ組合員も含まれる。こうした結果は、組合活動に参加している人のなかでも、加入継続を希望しなかったり、加入継続に対して回答を保留している人が一定割合を占めることを裏づけている。

一方、組合活動に〝参加しない〟層では、「特にあてはまるイメージはない」が3割台を占め、各イメージに対する比率は相対的に少ない。つまり、これらの層では、労働組合との接点やかかわり方が少ないことで、労働組合についてのイメージが希薄になっていることが示唆される。

⑶ 加入継続意思の背景

次に、組合員の組合加入の継続意思別に意識の違いをみていきたい。組合からの情報収集については、このまま加入していたい層と、できればやめたい層では「活動を知ることはない」は2割程度と相対的に少なく、できればやめたい層については「組合からの配布物」で組合活動の情報を入手している割合が多い。また、組合の参加状況はこのまま加入していたい層で〝参加している〟が2割と他の層に比べて多いが、いずれの層も〝参加しない〟が多数を占める。

労働組合に加入しているメリットをみると、このまま加入していたい層でメリットを感じている割合が多い一方、できればやめたい層では9割近くが「特にメリットを感じていない」と回答している。できればやめたい層では、非正規の賃金のみを上げる賃上げを支持する割合が3割強と他の層に比べて多い。また、加入のメリットとして、「経験に応じて時給が引き上げられた」はこのまま加入していたい層の11・5％に対し、できればやめたい層では2・4％とごくわずかにとどまる。こうした賃上げという労働条件の改善の経験の有無も組合の加入継続意識に影響を及ぼしていると考えられる。また、組合の参加状況別と同様に、このまま加入していたい層では職場で生じた問題に対して労働組合の相談窓口を相談先にあげる割合が多い。

(4) 組合への加入・非加入別にみた労働組合に対する意識

以下では、組合員と非組合員について、加入（継続）意思別に、労働組合のイメージについてみていきたい。

組合員の場合、加入継続意思により労働組合のイメージが明確に異なる。このまま加入していたい層では、「働いている人の味方」（39・5％）が4割、「労働条件改善・向上に欠かせない」（32・5％）、「職場の悩みを相談できる」（23・6％）、「いざというときに頼れる」（20・4％）が2〜3割ずつを占め、ポジティブなイメージが上位を占める。これに対し、できればやめたい層は、「一部の人のもので自分には関係ない」（31・0％）や「会社サイドの立場で行動している」（26・2％）といったイメージが3割前後と際立って多く、「身近に感じられない」（35・7％）や「今の生活には必要ない」（33・3％）、「できれば関わりを持ちたくない」（28・6％）も3割前後を占め、労働組合の存在意義を否定するようなイメージがあげられている。

次に、非組合員の組合加入意思別にみると、加入したいまたはすすめられたら加入してもよいと考えている層では、「働いている人の味方」が4割程度と多く、また、明確に加入したいと考えている層では、「労働条件改善・向上に欠かせない」（42・3％）が4割強、「いざという時に頼れる」（32・7％）、「職場の悩みを相談できる」（30・8％）も3割強と他の層を大きく上回っており、加入継続を希望する組合員と類似した結果を示している。一方、加入したくない層では、それぞれのイメージの比率は全般的に低いが、「古臭い感じがする」が21・4％と他の層を上回る。

図表11－3は、非正規雇用労働者の労働条件や職場環境の改善のために労働組合が行うべき取り組みをたずねた結果を示している。組合員のなかでも、このまま加入したい層では、他の層に比べて「福利厚生施設の充実」のほか、「セクハラなどハラスメント対策」、「育休・介護休業・看護休暇制度の充実」、「男女の均等待遇の確保」など女性の就業や男女平等にかかわる取り組みへの期待が大きい。

また、非組合員の加入したい・加入予定層では労働組合に対して「福利厚生の充実」に取り組

図表11-3　非正規雇用労働者の労働条件や職場環境の改善のために労働組合が行うべき取り組み（複数選択、単位：%）

	賃金・ボーナスの改善	退職金の支給	労働時間・休日・休暇の改善・充実	雇用の維持	正社員・無期契約社員への転換	教育訓練の整備	職場の安全衛生の確保	セクハラなどハラスメント対策	男女の均等待遇の確保	育休・介護休業・看護休暇制度充実	企業行動の監視・経営者のチェック	福利厚生の充実	メンタルヘルス対策の充実
女性計	76.1	44.1	43.9	38.4	22.2	13.9	19.8	31.7	19.7	31.1	13.5	36.4	22.6
組合員計	75.1	49.0	38.4	36.4	22.7	15.9	20.3	32.1	17.8	31.8	15.6	40.0	24.4
このまま加入したい	79.0	50.3	47.1	40.8	24.8	14.6	26.8	40.1	25.5	39.5	17.8	51.0	28.0
できればやめたい	78.6	57.1	33.3	28.6	19.0	14.3	19.0	23.8	11.9	26.2	14.3	31.0	19.0
どちらともいえない	71.7	48.3	33.3	35.0	23.3	21.7	14.2	28.3	14.2	27.5	15.0	33.3	22.5
わからない	67.4	39.1	26.1	32.6	17.4	6.5	15.2	21.7	6.5	21.7	10.9	28.3	21.7
非組合員計	76.3	42.9	45.3	38.9	22.1	13.3	19.7	31.6	20.2	30.9	12.9	35.5	22.2
加入したい・加入予定	84.6	44.2	51.9	48.1	23.1	21.2	25.0	42.3	23.1	36.5	23.1	51.9	26.9
加入してもよい	80.6	48.9	50.5	48.0	32.6	17.6	23.5	36.7	22.6	34.5	15.4	39.8	25.4
加入したくない	71.2	35.4	39.3	31.4	17.5	8.3	17.5	27.9	18.8	23.6	8.3	27.1	20.1
わからない	75.6	42.6	44.5	36.9	19.3	12.6	18.5	30.1	19.4	31.3	12.6	35.1	21.3

注1）女性計で回答比率が10%以上の項目を掲載。
　2）回答件数は女性計1819件、組合員計365件（このまま加入したい157件、できればやめたい42件、どちらともいえない120件、わからない46件）、非組合員計1454件（加入したい・加入予定52件、加入してもよい319件、加入したくない229件、わからない854件）である。
出所）連合総研「2022年非正規雇用調査」。

むべきと考える割合が5割程度を占めるほか、全般的に各取り組みの比率が高く、労働組合への期待が強い。

一方、加入したくない層は、各取り組みの比率は低く、「福利厚生の充実」、「労働時間・休日・休暇の改善・充実」、「雇用の維持」、「育休・介護休業・看護休暇制度の充実」では加入したい、すすめられたら加入してもよい層を10ポイント以上下回る。

(5) 組合へのコミットと正社員への転換との関係

以上のように、労働組合への参加が進まない非正規女性においても、組合活動に参加していたり、組合に引き続き加入したいと考えている組合員は、組合加入のメリットを理解し、労働組合のイメージも比較的明確である。また、これらの層では、今の勤務先でのの正社員への転換を希望している割合が相対的に多く、労働組合だけでなく、勤務先へのコミットも強いといえる。さらに、非組合員のなかでも、組合に「加入したい」、「すすめられたら加入してもよい」と考えている層で、今の勤務先での正社員への転換を希望している割合が多く、組合への参加や理解、組合への加入を促すことは、職場における人材確保という面にも効果をもたらす可能性が考えられる。

4　非正規女性が労働組合の担い手になるためには

現時点では特定の産業が中心ではあるものの、非正規雇用の組合員からの組合役員の選出は、労働組合の優先事項の1つである女性役員の選出を促すと同時に、労働組合活動を活性化させることが報告されている。また、先行調査からは非正規雇用のなかでも、組合役員や職場委員を経験している組合員は組合の機能（役割）を理解していることがうかがわれ、非正規雇用の労働者の組織化とともに、非正規雇用の組合員からの組合役員の選出にも取り組む必要がある。

他方、連合総研「2022年非正規雇用調査」の結果からは、非正規雇用の女性組合員が組合活動に参加していないのは、家事や育児との両立による時間的制約だけが理由ではないことがうかがわれる。組合役員からの労働組合活動にかかわる情報共有が十分に行われておらず、労働組合との接点が少ないことも非正規女性が組合活動に参加しない背景にあるのではないだろうか。非正規女性のなかでも、組合活動に参加している、または、加入継続を希望している組合員は、ハラスメントや育児・介護との両立、男女均等などへの取り組み期待があり、こうした取り組みを明示していくことで、参加率を高めていくことも考えられる。このように非正規雇用で働く労働者の組織化や処遇改善の取り組みにおいてもジェンダー平等の視点が不可欠といえるだろう。

注

1 連合「ジェンダー平等推進計画フェーズ1」(https://www.jtuc-rengo.or.jp/activity/gender/data/promotion_plan_fs1/keikaku_fase1_pamph.pdf?6116:最終確認日2023年9月17日)。

2 調査は、UAゼンセンの組合員数の2%以上の回答件数を目標として実施され、短時間・契約社員組合員の有効回答数は2万1951件である。同時に実施した正社員組合員の有効回答数は2万5567件である。

参考文献

後藤嘉代(2022年)『労働組合の「ジェンダー平等」への挑戦』(日本生産性本部生産性労働情報センター)
連合総研(2016年)「労働組合の基礎的な活動実態に関する調査研究報告書」

UAゼンセン（2022年）「2022年『組合員意識調査』」UAゼンセンコンパス第10巻秋号（通巻655号）

第12章　非正規雇用労働者と労働組合

――「リアル組織率」を反転させるために――

本田　一成

はじめに

日本の労働組合の多くにはユニオンショップ制が見られる。厚生労働省「2021年労働組合活動等に関する実態調査」によると、労働組合の69・8％がユニオンショップ協定を締結している。また、圧倒的多数が企業別組合ではあるが、所属する産業別組合や地方組織、ナショナルセンターでカウントされる組合員も多数がユニオンショップ協定下で、自動的に労働組合に加入した労働者である。

一方、厚生労働省「2022年労働組合基礎調査の概況」によると、2022年の労働組合の推定組織率は16・5％であり、低下傾向が止まらない。

本章は、落下しつづける推定組織率への懸念が強まる一方で、さらにシビアな見方である「リアル組織率」を出発点にする。連合総研「2022年非正規雇用調査」を用いて、労働組合に対する低評価層の属性、状況、意識から非正規社員の実像に迫り、組織率低下を反転させるための糸口を見つけたい。

1 「リアル組織率」は何パーセントか?

労働者が入社の際に自動的に労働組合に加入する場合、組合員の全員が労働組合の理念や方針を共有して活動に参加したり運営に参画するとは限らない。また労働組合の取り組みや動員に応じて組合員が参加していても、熱心であるとは限らない。

2つの異なる調査結果である厚生労働省「労働組合基礎調査」の組合員数と総務省統計局「労働力調査」の雇用者数の除算で求められる形式的な組織率を推定組織率と呼ぶのに対して、労働組合に積極的に参加する組合員の組織率をリアル組織率(英語では active membership rate と言うべきであろうか)と呼ぼう。

日本でも、アクティブメンバーシップなる言葉を使う分野がある。例えば、農水省やJA(農業協同組合)は組合員のアクティブメンバーシップの確立を目指している。農協組織でも組合員である農家に関して、労働組合員と同様の危機感が高まっているということであろう。

本来は推定組織率の低下に危機感を持つのではなく、リアル組織率に敏感であるべきである。だが、自らの労働組合のリアル組織率が何パーセントであるかを明確に把握している労働組合は、ほとんど見られない。

リアル組織率を推測しようにも難しい。例えば、厚生労働省「2019年労使コミュニケーション調査」によると、労働組合に加入している労働者で、「労働組合が必要である」と考えているのは92・3％である。7％ほどが除外されるので推定組織率から若干下がる（2019年の推定組織率は16・7％であるから、同年のリアル組織率15・5％に相当）。[1] あるいは、リクルートワークス『2021年働く人のボイス調査【データ集】』によれば、「組合に加入しているが、できれば脱退したい」と考えているのは20・6％となる[2]（21年の推定組織率は16・9％、同年のリアル組織率13・4％）。

現場では単組レベルのリアル組織率にこそ、関心を寄せるべきであろう。だが、この点は決して労働界の調査活動の俎上に載せられることはなく、常に不確実である。[3]

2 「アボイダー」と「ヘイター」の存在

推定組織率にせよリアル組織率にせよ、労働組合はそれらの低下傾向を傍観しているのであろうか。厚生労働省「2021年労働組合活動等に関する実態調査」によると、2021年時点で重点課題として組織化に取り組んでいる労働組合は26・7％で3割を切っている。しかも19年の29・6％から減少している。取り組んでいない理由は、「十分な組織化を達成している」という頼もしいものから、「組織拡大する見込みがない」「人的あるいは財政的余裕がない」「他の重要事項がある」などの消極的なものまで広がりがある。

非正社員の組織化はどうか。例えば、最大多数を占めるパートタイマーに目を向けると、「組合への関心が薄い」68・7％、「労働者に時間的余裕が少なく活動を実施しにくい」35・3％、「組織化を進める人的、財政的余裕がない」27・2％、「使用者の理解や関心が低い」26・0％などが上位にくる。

これらの結果は事実であろうが、あくまでも労働組合側の立場を示している。労働者の観点から分析しないと、〝ぜひ取り組みたいができない〟という自家撞着に陥り、非正社員の組織化を永遠の課題へ誘う可能性がある。例えば、「要求内容が正社員と対立する」は9・2％と低位である。第1章で言及したように「労働者の宿命」を考えれば水と油ほど違う労働者なのに、労働組合側の非正社員に対する認識はこの程度で収まってしまうほど浅い。

リアル組織率を考慮すれば、非正社員としてそれを下げる方向の中身を吟味する必要があろう。そこで、リアル組織率の低さの1つの原因として、組合員の中の労働組合に対する低評価層に注目する。低評価層は、回避的低評価層（ユニオン・アボイダー、以下、Uアボイダー）と、敵意的低評価層（ユニオン・ヘイター、以下、Uヘイター）があろう。

非正社員全体で考えてみると、**図表12－1**が示すように、UアボイダーとUヘイターには組織化労働者、未組織層労働者がいる。つまり、組合員の中にも、組合非加入者にも、労働組合がな

図表12-1　Uアボイダーと Uヘイター

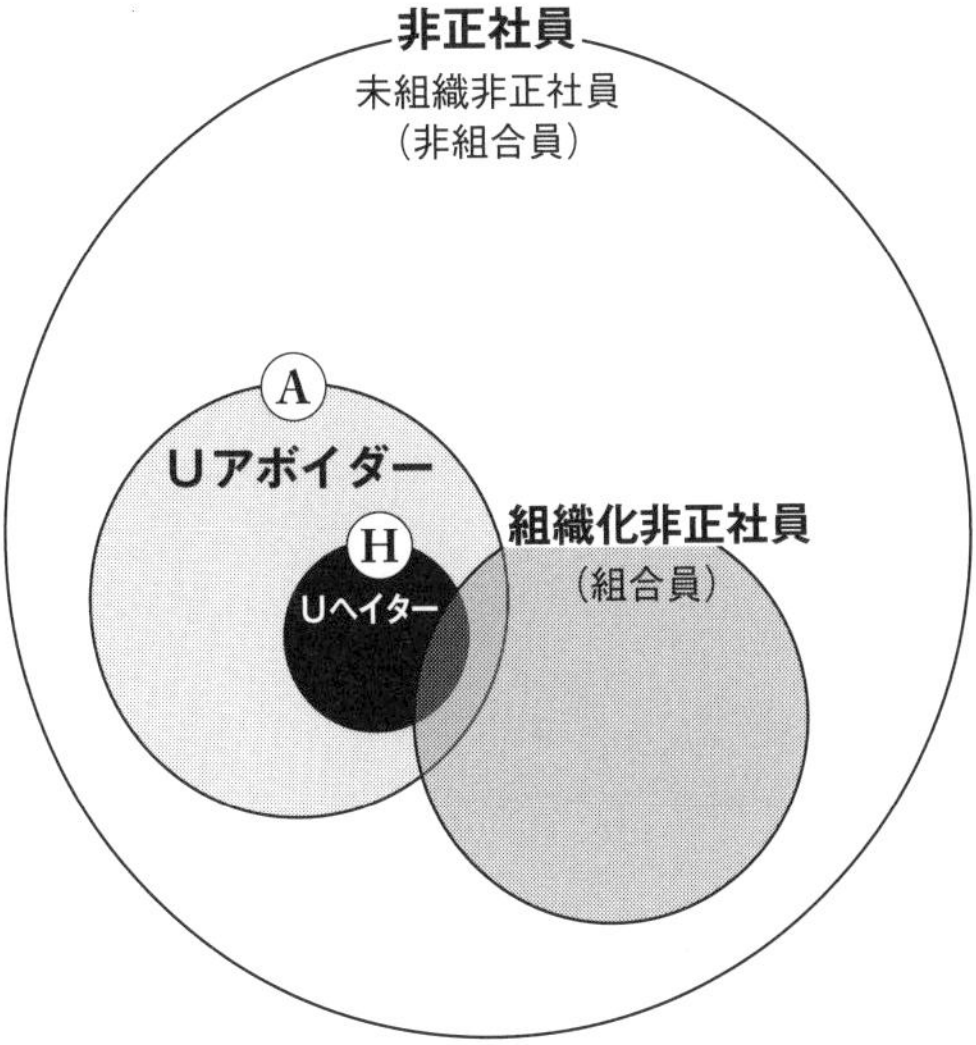

い企業の労働者にも存在する。だが、それらを詳しく知りうるデータはほとんどない。非正社員に目を向けると、その存在はさらに見えなくなる。

ただし、厚生労働省「2019年労使コミュニケーション調査」から、非正社員の非組合員のUアボイダーがいることがうかがい知れる。例えば、労働組合があり加入資格があるのに労働組合に入らないパートタイマーは、加入資格がないパートタイマーを除いて算出すると、29・4%となる。これを非組合員パートタイマーのUアボイダーとみなせば、およそ3割となり決して無視できない。

同調査から、パートタイマーが労働組合を回避する理由の一部もわかる。Uアボイダーは労働組合加入の判断で、加入するメリットがない、労働組合の活動に参加する時間がない、周りに加入者がいない、労働組合や活動に興味がない、組合費を負担したくない、などと考えている。

3 「Uアボイダー」の実像

(1) Uアボイダーの発見

連合総研「2022年非正規雇用調査」は、非組合員と非正社員組合員のUアボイダーとUヘイターを視野に収めることできる。非組合員2000人、組合員500人が割り当てられたサンプル調査であり、それぞれ個別に分析しよう。

まず、非正社員組合員のUアボイダーに注目すると、労働組合に「このまま加入していたい」は42・6％、「できればやめたい」は11・4％である。「どちらともいえない」と「わからない」で46％となり、加入継続意志を保留している。

Uアボイダーは、少なくとも11・4％となる。ただし、加入意志保留者の中で、労働組合のイメージについて「一部の人のもので、自分には関係がない」「今の生活には必要がない」「できることなら関わりを持ちたくない」と回答した組合員は、それぞれ順に8・7％、2・6％、3・5％である。現実に労働組合を脱退できるか（するか）どうかの問題はあるが、加入意志保留者であっても、潜在的にUアボイダーが含まれていることがわかる。

だが本章では、厳しめにみて、「できればやめたい」という回答者をUアボイダー、「このまま加入していたい」という回答者を非Uアボイダーとして、加入意志保留者と区別しよう。

非組合員についても同様に、Uアボイダーが実在する。連合総研「2022年非正規雇用調査」によると、労働組合に「加入したい」が3・8%、「すすめられたら加入してもよい」が23・1%、「加入したくない」が17・6%、「わからない」が55・6%である。非組合員のUアボイダーは最小で17・6%となる。

「わからない」という加入意志を保留する非正社員が半数以上と多数で、潜在的なUアボイダーかどうかは不明である。だが、いざ加入を迫られるとUアボイダーになる可能性があるという意味で予備軍になりうる。非正社員の組織化がいかに難しいかを暗示させる。

本章では「加入したくない」をUアボイダー、「加入したい」「すすめられたら加入してもよい」を非Uアボイダーとして、加入意志保留者と区別しよう。最も厳しめにみて非組合員のUアボイダーは2割弱となり、組合員のUアボイダーより割合は高い。

このように、組合員にせよ非組合員にせよ、Uアボイダーとは、労働組合から離れようとする心理的状況にある労働者集団を指している。連合総研「2022年非正規雇用調査」では、組合員回答者の500人のうち、Uアボイダーは57人、非Uアボイダーが213人、加入意向保留者が230人と識別される。また、非組合員回答者2000人のうち、Uアボイダーは352人、非Uアボイダーが537人、加入意向保留者が1111人と識別される。

(2) 組合員のUアボイダー

組合員のUアボイダーはどんな非正社員なのか。主な調査結果から明らかにしよう。

Uアボイダーは、非Uアボイダーと比べて、学歴はやや大卒が多く高卒が少ない傾向があり、40代以上が多く、平均年齢は46・0歳であり、それ以外は、性別や配偶者の有無など属性で大きな差が見られるわけではない。

雇用面では、Uアボイダーは、初職が非正社員であるのは50・9%にとどまり、非アボイダーより少なく、現在パートタイマー・アルバイトであるのが77・2%とやや多い。正社員定年退職者は33・3%と少ない。

生活面では、Uアボイダーの家事分担率は70・4%と高いが、配偶者がいる場合と単身者である場合が含まれている。自身の収入が世帯収入の全部か大部分を占める割合は42・1%で非Uアボイダーより高い。年金保険は、厚生年金54・4%、第3号被保険者21・1%、国民年金12・3%の順に多い。

待遇に関する意識は、Uアボイダーの特徴をもう少し明確にしてくれる。まず、無期契約転換希望が54・8%、正社員転換希望が26・3%で、ともに非Uアボイダーより少ない。無期転換を希望しない理由は、ほとんどの項目への回答が少ないのではっきりしないが、働き方が変えられないとの回答が若干多い。一方、正社員転換を希望しない理由は、責任が重くなる、通勤時間が長くなるなどが多い傾向が見られる。必ずしも家事育児だけが理由ではないが、それを含めてUアボイダーは有期契約や非正社員に張り付いていることがわかる。

次に、Uアボイダーは賃上げに関する非正社員優先意識が強い。労働組合が賃金を上げるなら正社員の賃金は据え置きか下げて非正社員の賃金を上げる、という意識である。Uアボイダーの非正社員優先意識は29・8%で、非Uアボイダーの16・4%のおよそ2倍になる。非正社員のまま賃金を上げることを要望し、正社員と非正社員の双方の賃金を上げる多数派の意見を手ぬるいと考える者が多い。

なお、仕事と生活に関する満足度ポイント（1~5点、点数が高いほど満足している、3点はどちらともいえない）や有望度ポイント（1~5点、点数が高いほど将来の希望が持てる、3点はどちらともいえない）は、仕事満足度が2・86、生活満足度が3・12、仕事有望度が2・61、生活有望度が3・09で、生活に比べて仕事の満足度や有望度が低い。また満足度と有望度は非Uアボイダーより低い傾向が見られる。

労働組合に関する意識に分け入ると、Uアボイダーの特徴が露わになる。第1に、Uアボイダーは決して労働組合への無関心層ではない。ともすれば、労働組合に対する低評価層には無関心が大きく混入すると考えられてきた。だが、Uアボイダーの労働組合に関わる態度は、掲示物、配布物など「労働組合の活動を知る方法」や、「活動を知ることはない」割合をとっても、非U

アボイダーとまったく変わらない。労働組合の会議やイベントへの参加状況で確認しても同様である。その点で加入意志保留層とは違う。

第2に、そうであれば、労働組合から離れようとする意識は、無関心などではなく、労働組合との関わりや活動の中で培われてきた積極的なものと解釈するべきであろう。まず、労働組合をやめたい理由は、2~3割程度になるが、「組合費を負担する余裕がない」、「組合費が適正に使われているか判断できない」、「自分の労働条件の改善に役立つとは思えない」、の順に多い。組合費を支払う立場から、組合費を勘案した回避行動になっている。つまり、組合費と活動内容や成果のかねあいで判断し、釣り合わないと思えば労働組合に対して疑念を抱き不満を高めている。

次に、その組合費を念頭に置いて、労働組合のメリット意識を見てみよう。すると、Uアボイダーの回答はほとんどの項目で非アボイダーを下回り、メリットを感じない割合が75・4%に上る。Uアボイダーは、労働組合の活動を軒並み評価していないことがわかる。さらに、労働組合のイメージでは、労働組合を肯定する項目は非Uアボイダーを下回り、逆に否定する項目では上回る。また、労働組合のイメージについてたずねた項目について、「特にあてはまるイメージはない」との回答が非Uアボイダーより大幅に少ない。このため、労働組合の低評価に基づいて意識的に回避していることがわかる。

労働組合が行うべき取り組みに関する回答でも、同様に労働組合に対する低評価が示される。Uアボイダーは、「賃金・ボーナス（賞与）の改善」が73・8%と最も高いものの非Uアボイダーより低く、これ以外のほとんどの項目で回答が下回っている。

組合員のUアボイダーは決して無関心層ではなく、仕事や生活に関する満足度や有望度が低いことを勘案すると、労働組合の存在や活動を知ったうえで、労働組合に期待する意識が弱く、あきらめ感や反発が強い層なのかもしれない。

(3) 非組合員のUアボイダー

非組合員のUアボイダーに移ろう。組合員の場合と同様に、非Uアボイダーと比べて、学歴、配偶者の有無など属性の違いは小さい。ただし、男性の割合がやや高く、50代以上の割合がやや高い。平均年齢は47・3歳である。

雇用面では、Uアボイダーで初職が正社員であったのは65・9％、現在はパート・アルバイトであるのは74・4％、正社員定年退職者は44・3％で、これらは非Uアボイダーと同じ水準である。

生活面では、Uアボイダーの家事分担率は63・5％で、非Uアボイダーと変わらない。自身の収入が世帯収入の全部か大部分を占める割合は、非Uアボイダーより高い。年金保険は、厚生年金38・4％、第3号被保険者23・0％、国民年金19・3％の順に多い。

待遇に関する意識は、まず、Uアボイダーの無期契約転換希望は40・1％、正社員転換希望は16・5％で、組合員の場合と同様に、ともに非Uアボイダーより少ない。無期転換を希望しない理由は、「働き方が変えられない」との回答が多い。正社員転換を希望しない理由は、「通勤時間が長くなる」、「転勤がある」、などが多い傾向がある。非組合員のUアボイダーも、有期契約や非正社員に固定的である。

次に、労働組合が賃金を上げるなら正社員の賃金は据え置きか下げて非正社員の賃金を上げる、という非正社員優先意識は19・1％で、組合員のUアボイダーより低く、非組合員の非Uアボイダーの18・6％に接近している。非組合員の場合、労働組合の回避と非正社員優先意識が直結するわけではない。

仕事と生活に関する満足度ポイントおよび有望度ポイントは、仕事満足度が3・16、生活満足度が3・22、仕事有望度が2・83、生活有望度が3・03である。これらは非Uアボイダーを上回っており、仕事や生活の切迫感がやや緩む。この点を勘案すると、非組合員のUアボイダーは、労働組合へのあきらめ感に労働組合の必要度の低さが混入する形で労働組合離れの意向につながっている可能性がある。

労働組合に関する意識は、第1に、非組合員のUアボイダーも無関心層と断じることはできない。非組合員であるため、労働組合への参加状況などから推測することはできない。だが、労働組合のイメージについて、「特にあてはまるイメージはない」との回答が約2割にとどまる。非Uアボイダーと接近しているし、加入意志保留者の半分程度の水準である。非組合員であっても、Uアボイダーの多くは労働組合へのイメージを抱いている。

第2に、労働組合に加入したくない理由は、組合員のUアボイダーより組合費に関する回答が減退する形で、「自分の労働条件に役立つとは思えない」、「どういう活動をしているかわからない」、といった回答が上位にくる。Uアボイダーが考える労働組合が行うべき取り組みについては、「賃金・ボーナス（賞与）の改善」が68・2％と最も高いが、他はハラスメント対策など一部を除いて、ほとんどの項目で非Uアボイダーと同水準か下回る。つまり、非組合員のUアボイダーも、特段明確な要求が見られない。だからといって無関心層でもないとすれば、何らかの理由により、労働組合に期待する意識が弱く、あきらめ感が強いという解釈ができる。

以上をまとめよう。Uアボイダーの実像を追ってみると、組合員と非組合員で、労働組合を回避する意識は同じでも、その経路に違いがみられる。だが共通するのは、決して労働組合に対する無関心層ではないこと、有期雇用や非正社員へ固定的であること、年齢やいわば世帯主性がやや高く職業経験に裏づけられた判断力があることなどである。このため、労働組合に関する幻滅や想像を介して、労働組合に対する期待が低くて労働組合を回避している可能性がある。そうであれば、労働組合にとっては深刻な事態で、危機感を持つべき集団であることになる。

4　「Uヘイター」の実像

労働組合からの脱退や加入を避ける意志のあるUアボイダーの中で、労働者自身の理由ではなく、労働組合のあり方に批判的な目を向ける層がＵヘイターである。Ｕアボイダーと同様に、組織化層（組合員）にも未組織層（非組合員）にもＵヘイターが存在する。

連合総研「２０２２年非正規雇用調査」でＵアボイダーと見なした回答者のうち、労働組合に対して「賃上げや男女平等などの現在の課題にこたえていない」「会社サイドの立場で行動している」「正社員のことしか考えていない」と回答した非正社員がいる。この回答者をＵヘイターと位置づけ、識別できた１０７人（組合員26人、非組合員81人）の実態と意識に分け入り、やや詳しく述べよう。

Ｕヘイターの属性は、男性40・２％、女性59・８％で、年代は60代、50代、40代の順に多く、平均年齢は組合員が48・６歳、非組合員が50・２歳である。組合員は「配偶者あり」が38・５％だが、非組合員では64・２％と多い。

まず指摘しておくべきは、Ｕヘイターも無関心層などではないという点である。例えば、労働組合に対して「特にあてはまるイメージはない」、との回答は皆無である。Ｕアボイダーより労働組合のイメージを強く抱く集団であると考えられる。また、組合員のＵヘイターについては、労働組合の活動を知る手段や活動への参加状況を確認したが、無関心層であることを否定する結果が示された。

雇用面では、初職が正社員であったのは62・６％で、非組合員のＵアボイダーに近い。現在パートタイマー・アルバイトであるのは65・４％で、Ｕアボイダーより若干少ない。正社員定年退職者は42・4％で、組合員のUアボイダーより多い。

勤務先の業種は、小売業、サービス業、製造業、医療福祉、教育学習支援業の順に多い。従業員規模は分散しているが、1000人以上が32・7％で最も多く、3分の1を占める。職種は、サービス職業、専門技術、営業販売、事務職、製造生産の順に多い。

生活面では、家事分担率は61・9％であり、Uアボイダーより若干低い。自身の収入が世帯収入の全部か大部分を占める割合は38・4％である。年金保険は、厚生年金が51・4％、国民年金15・9％、第3号被保険者15・9％の順に多い。

待遇に関する意識は、まず、無期契約転換希望が51・5％、正社員転換希望が19・6％であり、無期転換希望者はUアボイダーに比べて多く、正社員希望者は同程度である。無期転換を希望する理由は、安定的に働きたい、今の仕事にやりがいを感じている、などが多い。正社員転換を希望しない理由は、通勤時間が長くなる、転勤がある、などが多い。Uヘイターは、非正社員のまで安定を求める意識が見られる。

仕事と生活に関する満足度ポイントと有望度ポイントは、**図表12-2**が示すように、仕事満足度が2・93、生活満足度が3・03、仕事有望度が2・64、生活有望度が2・96で、これらはUアボイダー、特に切迫感が強い組合員のUアボイダーと同じく低い傾向がある。つまり、Uヘイターは仕事や生活に対して厳しい認識を持っている。

労働組合が賃金を上げるなら正社員の賃金は据え置きか下げて非正社員の賃金を上げるという

図表12-2　Uアボイダーと Uヘイターの満足度ポイントと有望度ポイント

		仕事満足度	生活満足度	仕事有望度	生活有望度
組合員	Uアボイダー	2.86	3.12	2.61	3.09
	非Uアボイダー	3.26	3.23	2.98	3.01
非組合員	Uアボイダー	3.16	3.22	2.83	3.03
	非Uアボイダー	3.01	3.12	2.76	2.98
Uヘイター		2.93	3.03	2.64	2.96

非正社員優先意識が見られる回答は、21・5%とやや高く、Uアボイダーの場合と同じく、組合員のUヘイターでは26・9%とさらに高まる。

労働組合に関する意識に関して、加入したくない理由は、「労働条件の改善に役立つとは思えない」が26・2%で、Uアボイダーより高い。「組合費が適正に使われているか判断できない」は15・9%だが、非組合員でこれが高い傾向はUアボイダーと同様である。

労働組合が行うべき取り組みについては、「賃金・ボーナス（賞与）の改善」が81・3%で、この他の項目も軒並みUアボイダーよりも高く、むしろ非Uアボイダーに近い。Uヘイターは Uアボイダーより労働組合の役割や意義について明確な意識をもっている。

以上の点を総合すると、Uヘイターも労働組合に対する無関心層ではなく、積極的な低評価者であると言える。その意識には、賃金要求への偏りや労働組合への忌避感などの点で、Uアボイダーの特徴が増幅されている面がある。だがその一方で、労働組合の役割や意義に関してはUアボイダーより要求が高い。非正社員の固定性の高さや仕事と生活に関する満足度や有望度の低さがその背景にあると思われる。

したがって、Uヘイターの労働組合に対する明確な位置づけを単純に労働組合への期待感の高さと見るわけにはいかない。むしろ、Uヘイターの実態や意識を勘案すれば、あきらめ感というより、見限り感が勝っていると解釈できる。

5　UアボイダーとUヘイターが教えること

本章で分析した非正社員組合員のUアボイダーのうち、81・5％が、またUヘイターの72・0％が、自動的に労働組合に加入している。改めて、ユニオンショップ協定による労働組合加入には、同意なき不本意な組合員が含まれていることがわかる。ユニオンショップ協定自体には利点が多いため一概に言えないが、リアル組織率の検討では見逃せない事実であろう。

労働界で声高に推定組織率の低下を問題視するのは、大局観としては理解できるが、迫りくる労働組合の危機を隠すことになる。UアボイダーとUヘイターの存在とその中身を知ることなしに、リアル組織率の反転はあり得ない。見えないものを見なければならない。

UアボイダーとUヘイターという隠されていた労働者を取り上げることは、確かに存在する（存在していた）無関心層や多様な価値観を引き伸ばして、総括するのを避ける手立てでもある。本章で明らかにしたように、UアボイダーやUヘイターは、年齢や世帯主性がやや高く職業経験の蓄積がある層である。組合員であれば労働組合の活動への参加経験が乏しいわけではなく、むしろベテランの投票者である。

Uアボイダーと U ヘイターの分析から、見えたものとは何か。一口に言えば、非正社員の労働問題の解決手段を考える際の最初の分岐に戻れという、いわば「分岐案内標識」である。「正社員になりなさい」、「正社員になれば救われる」という考え方と、「非正社員で堂々と生きていく」、「非正社員で人間らしく生きられる」という考え方の分岐である。様々な選択があるのはよいとしても、労働者はこの標識からは逃れられない。どちらの社会がよいのか。

大げさなようだが、この分岐で、本書が扱う非正社員の働き方、暮らし方、労働組合、労働法、社会保障などは様変わりしてしまう。また、**第1章**で述べた、非正社員の透視図として持ち出した、「労働者の宿命」や「F型雇用」も書き換えられてしまうであろう。

非正社員のうち、非組合員が労働組合の活動を知らなかったり、組合員が組合費のかねあいで納得できなかったりするのは事実である。労働組合の現場の日常的な取り組みやその情報宣伝など、例えば、第10章が考察した非組合員を視野にいれた外延的な労働相談や解決の努力の積み重ねが問われよう。これらは大切な営みであるが、非正社員が渇望するものの本丸ではない。

Uアボイダーも U ヘイターも、特に組合員の場合、労働組合が非正社員の賃上げを優先するよう求める意識が強く、その意味で、両者は「労働者の宿命」に最も敏感な立場である言える。その多くは「F型雇用」に閉じ込められ苦境に立たされる労働者である。

とりわけ U ヘイターが、労働組合の意義は認めるが今の労働組合では受け付けない、と「ノー」を突きつけているのは、非正社員で生きていくと決心した労働者の要望に労働組合が応えていないのではないか、という点である。労働組合は、労働時間を狙われ奪われる、という労働者の宿命の対抗策探しに奔走するあまり、賃金を狙われ奪われる、という「労働者の宿命」に対抗する手段をまだ発見していないように見える。[4]

また、現在の労働組合は男性型組織から脱却していない。その一例は、女性の組織率が低いことであり、もちろんそれは非正社員も例外ではない。労働組合は組織率でみれば、女性の非正社員を重点的に組織化してきたが、2020年時点で、男性の非正社員へと重点を転換している。[5]非正社員のプレゼンスが大きくなり、皮肉なことに、だからこそ労働組合は男性の非正社員の組織化に比重を置いているのであろう。この情勢は、「F型雇用」問題への取り組みに近づくのに有利に働くわけではない。

本章で使用したデータは比較的恵まれた層のサンプルかもしれず、UアボイダーとUヘイターが教示することを過小評価する可能性がある。今後の雇用情勢によりそれが速やかに厳しい内容へ変貌する可能性もある。いずれにせよ、労働組合が現状のままでは両者は減ることはあるまい。リアル組織率が崩れていく最中で、労働組合は、「労働者の宿命」や「F型雇用」がむき出しになっている非正社員にどう向き合うのか。本章があえて見えるようにした、一部のUアボイダー、Uヘイターが静かに鳴らす、おそらく最終となる警鐘が聞こえているのであろうか。

注

1　一方で、そもそも推定組織率は過少に算出されている可能性が高い。厚生労働省『労働組合基礎調査』は、上部組合が傘下の構成労働組合の組合員数をたずねる方式であり、上部組合へ組合員数を過小に報告するいわゆる「サバ読み」が混入するからである。

2　リクルートワークス『2021年働く人のボイス調査【データ集】』(https://www.works-i.com/research/works-report/item/hataraku_voice_3.pdf：最終確認日2023年7月12日)。

3　例えば、連合栃木総合生活開発研究所(2020)によると、潜在的未組織層は31%である。リアル組織率は企業内組織率の七掛けと考えられる。また、複数の企業別労働組合のリーダーたちの実感では、リアル組織率はおそらく10%を切っており、5%も危ういという意見がある。

4　非正社員の労働者の宿命に直面する労働組合の立場は、本田(2023)が詳しく議論している。

5　パートタイマーの推定組織率は大雑把にしか発表されていないが、本田(2022)は独自に正社員・パート別、男女別に組織率を算出している。もちろん、女性の組織率だけでなく、労働組合の女性役員が少ないことも見逃せない。

参考文献

本田一成(2022年)「「男女平等参画」から「クミジョ」へ——労働組合における女性の代表性の現状」日本労働研究雑誌747号

本田一成(2023年)「非正社員の正体と労働組合の役割」経営民主主義82号。

リクルートワークス(2021年)『2021年働く人々のボイス調査【データ集】』

連合栃木総合生活開発研究所(2020年)『栃木県の女性労働組合役員の実態と意識に関する調査(とちぎクミジョ調査2019)』

あとがき

連合総研は、2014年10月、2015年10月の2回にわたり、「非正規労働者の働き方・意識に関する実態調査」を実施し、非正規で雇用される労働者の生活実態を明らかにしてきた。第1回・第2回の調査によって、非正規雇用労働者の「生活・失業不安」、「処遇格差」、「将来不安」をめぐる問題が改めて浮き彫りになったものといえる。

第2回調査から約7年が経過し、2018年の働き方改革関連法による「短時間労働者及び有期雇用労働者の雇用管理の改善等に関する法律（パート・有期雇用労働法）」への改正をはじめとして、非正規雇用に関する法制度は大きく進展する一方、2020年以降、新型コロナウイルス感染拡大がもたらしたコロナ禍において、特に非正規で働く労働者が深刻な影響を受けるなど、非正規雇用をめぐる社会情勢に大きな変化が生じた。このような変化を踏まえ、連合総研では、改めて非正規雇用労働者の置かれた状況・課題を正確に把握し、課題への対応策を検討する必要があると考え、2022年3月より「非正規で雇用される労働者の働き方・意識に関する実態調査と労働組合の役割に関する調査研究委員会（非正規雇用研究会）」（主査：森ます美・昭和女子大学名誉教授）を立ち上げた。

本研究委員会には、社会政策・労働とジェンダー、人的資源管理論、労使関係論、労働経済学、労働法、社会保障法、労働組合運動など、それぞれの専門分野の第一線でご活躍されている方々にご参集いただき、実態調査を通じて、非正規雇用労働者の就労実態、課題を把握すると共に、非正規雇用労働者をめぐる課題について労働組合が果たす役割についても検討を行うこと、現状整理を踏まえた上で、今後求められる対応策を提言として取りまとめることを目指し、調査研究を行ってきた。

第1のアプローチとして、2022年11月にアンケート調査（「2022年非正規雇用労働者の働き方・意識と労働組合に関する調査」）を実施した。

第2のアプローチとして、労働組合・NPO・団体にインタビュー調査を実施した。

さらに、2022年4月から2024年1月までに、計17回の研究委員会を開催し、調査内容・結果について活発な議論を行い、検討を深めてきた。

本書は、本研究委員会の最後のアプローチとして、調査を通じて明らかとなった非正規雇用で働く労働者の実像を浮かび上がらせ、ジェンダー・法制・労働組合の3つの観点から分析を行い、非正規雇用のあり方を問い直し、提言を行っている。

本書が、読者の方一人ひとりにとって、非正規雇用という働き方、暮らしの実像の把握を容易にし、非正規雇用のあり方について深く掘り下げて考えるきっかけとなるとともに、本書の提言が、非正規雇用をめぐる法政策・雇用労働政策・人事管理・労働組合運動等の各領域における、より良い対応策を考える際の一助となれば幸いである。

最後になるが、多くの方々のお力添えにより、本書を完成させることができた。

森ます美主査には、研究委員会の立ち上げから本書の刊行に至るまで、研究委員会の運営および取りまとめに、多大なご尽力をいただいた。さらに、森主査・各委員には、研究委員会での活発な議論に加え、それぞれが非常にご多忙でいらっしゃるなか、対面でのインタビュー調査にご尽力いただき、優れた論稿をご執筆いただいた。また、アンケート調査については研究委員会での調査項目等に関する議論を基に、調査票作成、分析を労働調査協議会に委託し、担当の後藤嘉代主任調査研究員に多大なご尽力をいただくと共に、本書にも優れた論稿をお寄せいただいた。

インタビュー調査では、交野自立センター労働組合、日本郵政グループ労働組合、敷島製パン労働組合、日本介護クラフトユニオン、東京都内の保育所A労働組合、NTT労働組合西日本本部、わくわくシニアシングルズ、しんぐるまざあず・ふぉーらむ、育て上げネットの皆さまに、大変貴重なお話をお聞かせいただくと共に、貴重な資料も多数ご提供いただき、研究委員会での議論を深めることができた。

また、本書の出版にあたり、旬報社企画編集部部長の古賀一志氏には、途中から研究委員会にもご参加いただき、本研究委員会の最終成果物の刊行に向けて、多大なご尽力をいただいた。

これらの方々の多大なご尽力、温かいサポートに対して、心より御礼申し上げたい。

２０２４年１月

公益財団法人　連合総合生活開発研究所所長　市川 正樹

「非正規で雇用される労働者の働き方・意識に関する実態調査と労働組合の役割に関する調査研究委員会（非正規雇用研究会）」

〈主査〉
森　ます美　昭和女子大学名誉教授

〈委員〉
本田　一成　武庫川女子大学教授
上田　真理　東洋大学教授
緒方　桂子　南山大学教授
南雲　智映　東海学園大学教授
久保　啓子　連合　総務・人財局　局長

〈オブザーバー〉
岩城　みのり　連合　生活福祉局　部長

〈協力者〉

後藤 嘉代　労働調査協議会 主任調査研究員

〈連合総研〉

神津 里季生　連合総研理事長

市川 正樹　連合総研所長

〈事務局〉

新谷 信幸　元連合総研事務局長

平川 則男　連合総研事務局長

伊藤 彰久　連合総研副所長

石黒 生子　連合総研主幹研究員（事務局副担当）

戸塚 鐘　元連合総研主任研究員

石川 茉莉　連合総研研究員（事務局主担当）

（肩書は２０２４年１月25日現在）

編著者紹介

森ます美（もり ますみ）
昭和女子大学名誉教授。専門は社会政策・労働とジェンダー。著作に『日本の性差別賃金―同一価値労働同一賃金原則の可能性』（有斐閣）、『同一価値労働同一賃金の実現―公平な賃金制度とプロアクティブモデルをめざして』（勁草書房、共編著）など。

本田一成（ほんだ かずなり）
武庫川女子大学経営学部教授。専門は人的資源管理論・労使関係論。著作に『メンバーシップ型雇用とは何か』（旬報社)、『ビヨンド！』（新評論)、『オルグ！オルグ！オルグ！』（新評論)、『チェーンストアの労使関係』（中央経済社）など。

緒方桂子（おがた けいこ）
南山大学法学部教授。専門は労働法。著作に『労働法・社会保障法の持続可能性』（旬報社、共著）「有期契約労働者の公正処遇をめぐる法解釈の現状と課題」季刊労働法263号など。

上田真理（うえだ まり）
東洋大学法学部教授。専門は社会保障法。著作に『雇用・生活の劣化と労働法・社会保障法：コロナ禍を生き方・働き方の転機に』（日本評論社、共著）など。

久保啓子（くぼ けいこ）
日本労働組合総連合会（連合）総務・人財局長（前フェアワーク推進センター局長)。連合本部職員として入局後、通算12年、非正規労働に関する取り組み、連合労働相談活動などに携わる。

後藤嘉代（ごとう かよ）
労働調査協議会主任調査研究員。専門は労使関係論・ジェンダー論。著作に『労働組合の「ジェンダー平等」への挑戦』（日本生産性本部生産性労働情報センター）など。

石川茉莉（いしかわ まり）
連合総研研究員。専門は労働法。著作に「フランスにおける『シフト制』労働に関わる法規制」労働法律旬報1996号など。

公益法人 連合総合生活開発研究所（略称：連合総研）
労働組合「連合」のシンクタンクとして1987年12月に設立。勤労者とその家族の生活向上、経済の健全な発展と雇用の安定に寄与することを目的に、国内外の経済・社会・産業・労働・福祉問題など、幅広い分野での調査・研究活動を進めている。

非正規という働き方と暮らしの実像
——ジェンダー・法制・労働組合を問い直す

2024年2月7日　初版第1刷発行

編　者　森ます美／本田一成／緒方桂子／上田真理／連合総研
装　丁　Boogie Design
イラスト　廣瀬陽子
組　版　キヅキブックス
編　集　古賀一志
発行者　木内洋育
発行所　株式会社旬報社
〒162-0041
東京都新宿区早稲田鶴巻町544　中川ビル4F
TEL 03-5579-8973　FAX 03-5579-8975
HP https://www.junposha.com/
印刷製本　シナノ印刷株式会社

ISBN978-4-8451-1868-7